A LEI DA CONEXÃO

MICHAEL J. LOSIER

A LEI DA CONEXÃO

Tradução
Ana Julia Cury

Ediouro

Título original
Law of Connection

Copyright © 2009 by Michael Losier
Edição e publicação realizadas em conjunto com a Grand Center Publishing, Nova York, EUA. Todos os direitos reservados.
Copyright do questionário de autoavaliação da página 29: © 2009 Linda Storey e Michael Losier. Todos os direitos reservados.

Editora: Marcia Batista
Revisão de tradução: Janaína Senna
Revisão: Claudia Ajuz, Gabriel Machado
Diagramação: Filigrana
Capa: Michael J. Losier Enterprises, Inc.

Texto revisto pelo novo Acordo Ortográfico

CIP-Brasil. Catalogação na Fonte
Sindicato Nacional dos Editores de Livros, RJ

L886l
Losier, Michael J., 1962-
    A lei da conexão / Michael J. Losier ; tradução Ana Julia Cury. – Rio de Janeiro: Ediouro, 2010.

    Tradução de: The law of connection
    ISBN 978-85-00-02657-7

    1. Programação neurolinguística. 2. Relações humanas. I. Título.

CDD: 158.1
CDU: 159.96

Todos os direitos reservados à EDIOURO PUBLICAÇÕES S.A.
Rua Nova Jerusalém, 345 – Bonsucesso
Rio de Janeiro – RJ – CEP 21042-235
Tel.: (21) 3882-8200 – Fax: (21) 3882-8212/8313
www.ediouro.com.br

SUMÁRIO

Por que escrevi este livro **9**
Como este livro vai melhorar os seus relacionamentos **11**
Como usar este livro **13**
Por que a Lei da Conexão é uma lei **15**

PARTE I. As 3 condições para a conexão
Criar um vínculo — Condição 1 **19**
Calibrar (ou adequar) — Condição 2 **21**
Compreender os estilos de comunicação — Condição 3 **25**

PARTE II. A autoavaliação do estilo de comunicação da PNL
Questionário de autoavaliação **29**
A sua folha de resumo da autoavaliação **33**
A folha de resultados para o seu estilo de processar a comunicação **35**
Entendendo os seus resultados **37**
Entendendo as suas relações com os outros **39**
Agora que você conhece os seus resultados, o que fazer? **41**

PARTE III. Os 4 estilos de comunicação da PNL
Por que é importante reconhecer o seu estilo de comunicação e o das
    outras pessoas **45**
O Comunicador Visual **49**
O Comunicador Auditivo **59**
O Comunicador Cinestésico **69**
O Comunicador Digital **79**

PARTE IV. Calibrando as suas conversas

Calibrar para conectar **91**

Vera Visual deseja fazer uma venda **93**

Alex Auditivo rompe o vínculo com sua namorada **97**

Célia Cinestésica se conecta com um colega de trabalho **101**

Daniel Digital ajuda sua filha com o dever de casa **105**

PARTE V. 4 métodos fáceis que você pode usar para melhorar suas conexões

Reenquadrando, Estabelecendo o ritmo futuro, Instalando e Fazendo uma pressuposição positiva **111**

Reenquadrando **113**

Estabelecendo o ritmo futuro **117**

Instalando **121**

Fazendo uma pressuposição positiva **125**

PARTE VI. Fazendo conexões em todos os aspectos da sua vida

Criando conexões positivas **131**

Cônjuges e parceiros **133**

Pais e filhos **137**

Instrutores, consultores e clientes **141**

Professores e alunos **145**

Supervisores e equipe **149**

Vendedores e clientes **153**

Donos de websites e visitantes **157**

PARTE VII. As 10 técnicas especiais que professores e instrutores podem usar para se conectar e acelerar o aprendizado

As técnicas e o que elas fazem **163**

Fazer perguntas ao grupo **165**

Conseguir respostas rápidas e em voz alta **167**

A LEI DA CONEXÃO

Insistir numa resposta **169**

Repetição **171**

Fazer com que os alunos preencham lacunas **173**

Usar a fórmula: "Isto é importante — tomem nota" **175**

Mudar a energia da sala **177**

Trocar ideias com o colega ao lado **179**

Discutir em pequenos grupos **181**

Recapitulação em grupo **183**

Aplicando este livro à SUA vida **185**

Sobre o autor **187**

Por que escrevi este livro

Após a publicação de meu primeiro livro, *A Lei da Atração*, milhares de pessoas me procuraram para contar como ele as ajudou a identificar e a se encaminhar no sentido do que efetivamente desejavam em seus relacionamentos pessoais e profissionais. Mas essas pessoas queriam mais. Queriam saber como podiam se comunicar melhor e se sentir compreendidas por *todas* as pessoas com as quais entravam em contato, tanto pessoal quanto profissionalmente. Isso me fez perceber que eu tinha que escrever *A Lei da Conexão*, para oferecer as técnicas de que elas precisavam para se relacionar com todos os tipos de pessoas em seu cotidiano.

Tanto *A Lei da Atração* quanto *A Lei da Conexão* tratam de ensinar como dominar algumas regras simples que ajudarão você a levar uma vida mais plena, rica e significativa. Você não precisa ter lido o primeiro para tirar proveito do segundo. Cada lei é independente e oferece as suas próprias recompensas.

Ao longo de tantos anos ensinando a Lei da Atração, incorporei as informações que você está prestes a aprender aos meus seminários, entrevistas e treinamentos, a fim de me conectar com o público, os entrevistadores, os repórteres, os apresentadores de *talk shows* e todas as pessoas com as quais interajo diariamente.

Um dos elogios de que mais gosto é quando me dizem que sou capaz de tornar fácil o aprendizado de ideias complexas. Devo essa habilidade ao meu treinamento em Programação Neurolinguística (PNL) e ao uso de Técnicas de Aceleração do

Aprendizado (TAA). Essas técnicas foram criadas para funcionar em qualquer estilo de comunicação. Por exemplo:

- Alguns de vocês vão gostar das lacunas no livro para preencher com seus próprios dados, outros não.
- Alguns de vocês vão gostar das ilustrações, ao passo que outros sequer as notarão.
- Alguns de vocês vão gostar dos resumos, das folhas de trabalho ou dos estudos de caso.

Incorporei essas técnicas a este livro para que todos sejam capazes de aprender de maneira divertida e fácil com ele.

Minha intenção é que a maioria de vocês volte a recorrer à *Lei da Conexão* sempre que precisar se lembrar das palavras características de cada estilo de comunicação e dos roteiros que podem usar para lidar melhor com todo tipo de situação.

Sugiro até que seja colada uma etiqueta na seção de estilo de comunicação em que você se enquadra para que possa encontrá-la rápida e facilmente quando quiser consultá-la.

Espero que gostem da simplicidade deste livro, compartilhem essa leitura com a sua família e com seus colegas de trabalho e descubram como a sua comunicação se tornará melhor em qualquer lugar que estiverem.

Michael Losier
www.LawofConnectionBook.com

COMO ESTE LIVRO VAI MELHORAR OS SEUS RELACIONAMENTOS

Mesmo que não seja o seu caso, provavelmente você conhece alguém que perde muito tempo reclamando sobre conflitos nos relacionamentos. Escutamos isso em todo lugar: em casa, no trabalho e em vários outros ambientes.

Há conflitos por toda parte, entre:

Casais
Namorados
Pais e filhos
Professores e alunos
Colegas de escritório
Gerentes e equipes
Empresas e clientes

Este livro dará a você toda a informação e as técnicas necessárias para melhorar a sua comunicação e construir relações melhores e mais saudáveis.

Às vezes, mudar apenas algumas palavras faz toda a diferença; outras vezes, é preciso mais que algumas palavras. Mas seja qual for a natureza da relação, mesmo as negativas ou conflituosas, este livro o ajudará.

O processo e as técnicas vão parecer simples, e você talvez até pense: "Não pode ser tão fácil assim" ou "Isso é simples demais para mudar as coisas". Se você se perceber pensando desse jeito, apenas se lembre de que os resultados falarão por si mesmos.

Desde 1999, tenho ensinado a casais, instrutores, professores, técnicos, consultores e a todo tipo de pessoa em todos os tipos de relacionamento a chave para uma comunicação bem-sucedida — e agora estou ensinando a você.

Divirta-se com essas informações. E então, veja as suas relações com os outros melhorarem e o conflito ser eliminado.

COMO USAR ESTE LIVRO

Este livro pode ser lido em algumas horas ou até menos. Antes de fazer qualquer coisa, leia-o do início ao fim para ter uma noção geral do processo e entendê-lo melhor.

Então leia-o de novo, desta vez preenchendo a AUTOAVALIAÇÃO DE ESTILO DE COMUNICAÇÃO e as folhas de exercício. Fazer isso o ajudará a entender e internalizar as informações na medida em que começa a aplicá-las em sua vida cotidiana.

Além disso, convide e estimule a sua família a preencher também a autoavaliação. Você vai ver como é divertido pôr em prática o que aprenderam sobre o estilo de comunicação uns dos outros.

Faça deste livro e do material nele incluído um negócio de família. Incorpore-o também ao seu local de trabalho.

À medida que for dominando as informações, é provável que possa ensinar aos outros a melhorar também suas técnicas de comunicação e enriquecer suas relações.

Por que a Lei da Conexão é uma lei

A maior parte das pessoas se lembra de alguma situação em que conseguiu ou não estabelecer uma conexão efetiva com outra pessoa.

A Lei da Conexão diz que quando duas pessoas se relacionam, estabelecem uma conexão melhor.

Ela é considerada uma lei por seguir uma regra simples.

Regra: Quanto mais vínculo você tiver com alguém, mais forte será a sua conexão com essa pessoa. Quanto menos vínculo você tiver com alguém (ou quando esse vínculo se rompe), mais fraca será a sua conexão com essa pessoa.

O seu vínculo, e portanto a sua conexão, é o resultado de como você se comunica.

Este livro vai ajudá-lo a entender o seu estilo de comunicação, os dons e os desafios a ele relacionados e, o que é mais importante, vai ajudá-lo a entender os estilos de outras pessoas, os dons e os desafios relacionados a esses outros estilos, de modo que, por meio da observação e da prática, você se tornará um comunicador mais flexível, capaz de se conectar com qualquer pessoa.

A chave para a conexão é se tornar um comunicador mais flexível. Flexibilidade é o principal requisito. Se for à França, você vai se comunicar melhor se souber falar francês. Ser flexível em sua comunicação ajudará você a se conectar com os outros mais fácil e rapidamente.

Parte I

As 3 condições para a conexão

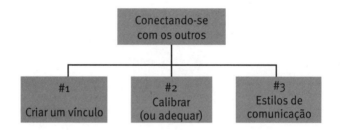

VÍNCULO

Quanto tempo é preciso para construí-lo?
Às vezes segundos; outras vezes, anos.

Por quanto tempo se pode mantê-lo?
Com cuidado e dedicação, para sempre.

Em quanto tempo se pode destruí-lo?
Em segundos.

Em quanto tempo se pode reconstruí-lo?
Às vezes, nunca.

CRIAR UM VÍNCULO — CONDIÇÃO 1

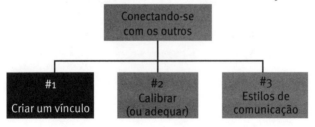

Muitos de nós se lembram de uma vez em que conhecemos alguém de quem gostamos instantaneamente — ou de alguém de quem não gostamos de imediato, embora tivéssemos algo em comum com aquela pessoa.

vín.cu.lo, substantivo
relacionamento, especialmente um relacionamento próximo; acordo; harmonia

Criar um vínculo com uma pessoa é algo que pode acontecer instantaneamente ou pode demorar um pouco.
O vínculo é uma parte fundamental da comunicação. A comunicação se dá em dois níveis — verbal e não verbal.
Os dois motivos mais comuns para não se conseguir estabelecer um vínculo com os outros ou para rompê-lo são: não compreender as pistas verbais e não verbais do estilo de comunicação da outra pessoa e o que chamamos de falha de comunicação porque um não entende o estilo do outro. A *Lei da Conexão* dará a você todas as ferramentas necessárias para criar e não romper vínculos.

Calibrar (ou adequar) — Condição 2

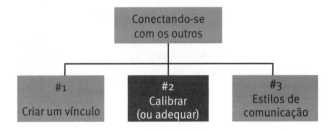

Calibrar é a arte de prestar atenção e responder à sua percepção. Trata-se de perceber as pistas verbais e não verbais (tais como risos, rubores, gagueiras ou até o ato de roer unhas) que indicam o estado mental ou emocional da outra pessoa, e então ajustar o seu próprio estilo de comunicação para se adequar ao dela. Ao calibrar, você cria vínculo.

Quando você não presta atenção, pode acabar fazendo suposições ou tirando conclusões apressadas sem realmente entender o que a outra pessoa está pensando ou sentindo. Quando você falha em adequar o seu estilo ao da outra pessoa, pode acabar rompendo o vínculo.

Bons calibradores são capazes de avaliar rapidamente uma situação e responder a ela de modo que o vínculo se estabeleça e seja mantido. Por isso, as pessoas acabam gostando de tê-los à sua volta. A incapacidade de adequação é algo frustrante e irritante para os outros e provoca mal-entendidos que rompem o vínculo.

Veja a seguir três exemplos de como funciona o processo de calibrar.

Voltando do trabalho:
    O marido é o primeiro a chegar em casa. Meia hora depois, sua mulher chega empolgadíssima por ter recebido uma

promoção significativa. Contudo, ela logo percebe que o marido ainda está de paletó e gravata e que está batendo as portas dos armários e fazendo um barulhão na cozinha. Com base nessas duas pistas, percebe que há algo errado. Em vez de contar a boa notícia imediatamente, ela cria um vínculo ao ir até a cozinha para conversarem, demonstrar sua preocupação e perguntar como ele está.

Servindo jantares num restaurante:

Dois amigos estão num restaurante para jantar juntos e, no meio de uma conversa séria, o garçom, excessivamente prestativo, surge do nada e, sem prestar atenção ao clima reinante na mesa, anuncia com um grande sorriso: "Oi, meu nome é Antônio e estou aqui para servi-los esta noite!" O garçom não percebeu a seriedade dos amigos naquela mesa e não conseguiu adequar seu estilo ao deles — com isso, sabotou a si mesmo ao falhar na construção do vínculo que desejava criar.

Entrando numa biblioteca *versus* uma lanchonete:

Quando um grupo de adolescentes sai de uma lanchonete barulhenta e se dirige a uma biblioteca, eles imediatamente calibram seu estilo de comunicação e ajustam o volume da conversa para adequá-la ao silêncio da biblioteca. Isso estabelece um vínculo com todos os que já estão ali trabalhando silenciosamente.

É muito comum termos apenas pistas não verbais para nos ajudar a calibrar a nossa comunicação de acordo com o estado mental ou emocional da outra pessoa. Eis algumas pistas não verbais que você pode observar para ampliar suas técnicas de calibração.

Exemplos de Pistas Não Verbais que Indicam
o Humor da Pessoa

Ficar vermelho	Ficar pálido	Ficar com lábios roxos
Arfar	Respiração acelerada	Respiração entrecortada
Dar risadinhas	Andar pra lá e pra cá	Suar
Gargalhar	Esfregar as mãos	Roer unhas
Sussurrar	Postura ereta	Postura curva
Gaguejar	Ficar em silêncio	Olhar o relógio a cada instante
Sorrir	Franzir o cenho	Balançar o corpo para frente e para trás

Você terá sem dúvida muitas oportunidades de observar pistas não verbais no trabalho, nas suas relações mais íntimas, e com toda a sua família. Agora que está consciente dessas pistas, certamente irá perceber quando as outras pessoas não estiverem calibrando bem. Você verá e entenderá a ligação direta entre calibrar bem e ampliar o vínculo — e entenderá também como uma falha de adequação de estilo rompe a conexão.

Compreender os estilos de comunicação — Condição 3

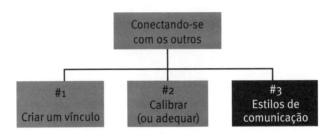

A terceira condição para criar conexões — entender os estilos de comunicação dos outros — é tão importante que dediquei um terço deste livro a ensiná-la.

É a sua capacidade de entender e se adaptar ao estilo de comunicação de outra pessoa que faz de você um bom calibrador. Com isso o vínculo se mantém e há uma boa conexão entre vocês dois. Não entender o estilo do outro é, com frequência, o motivo pelo qual duas pessoas não estabelecem uma conexão.

Os quatro estilos de comunicação são Visual, Auditivo, Cinestésico e Digital.

Quer você esteja se comunicando com um grupo ou com um indivíduo, entender cada um dos quatro estilos de comunicação vai ajudá-lo a manter o vínculo e a conexão.

Na Parte III, ensinarei você a entender melhor esses estilos. Antes disso, peço que responda dez perguntas da autoavaliação nas páginas seguintes. Não fique pensando muito; apenas responda às perguntas de forma rápida e intuitiva.

Parte II

A autoavaliação do estilo de comunicação da PNL

QUESTIONÁRIO DE AUTOAVALIAÇÃO

Numa escala de 1 a 4	Exemplo de pergunta:
	Eu tomo decisões importantes com base em:
4 = **Descrição mais próxima do que você é**	
3 = **Descrição um pouco menos exata**	Exemplo de respostas:
	4 Meu instinto e nível de conforto
2 = **Tem algo a ver com você**	1 Como a ideia soa para mim
1 = **A que menos descreve você**	3 A impressão que ela me dá
	2 Um estudo/exame preciso dos aspectos envolvidos

1. Eu tomo decisões importantes com base em:

___ Meu instinto e nível de conforto

___ Como a ideia soa para mim

___ A impressão que ela me dá

___ Um estudo/exame preciso dos aspectos envolvidos

2. Durante um desentendimento, tenho mais tendência a me deixar influenciar:

___ Pela altura e pelo tom da voz da outra pessoa

___ Por poder ou não entender o ponto de vista da outra pessoa

___ Pela lógica e racionalidade da opinião da outra pessoa

___ Pelo fato de a outra pessoa compreender ou não meus sentimentos

3. Quando me comunico com os outros, é importante para mim:

___ O modo como me visto e a aparência que tenho

___ Compartilhar meus sentimentos e experiências

___ Saber que o sentido das minhas palavras está sendo entendido

___ Ser ouvido e perceber que as pessoas prestam atenção ao que eu falo

4. Quando alguém está me fazendo uma pergunta importante, minha tendência é:

___ Escutar atentamente, e em seguida fazer perguntas para me certificar de que entendi

___ Querer ter um tempo para pensar sobre ela e escolher as palavras com cuidado

___ Gostar que me deem tempo para pensar na resposta

___ Responder de imediato, usando imagens para descrever minha resposta

5. Eu me consideraria uma pessoa:

___ Ligada aos sons do ambiente à minha volta

___ Capaz de facilmente perceber novos fatos e dados

___ Sensível e flexível em meus relacionamentos

___ Criativa e capaz de lidar com grandes quantidades de informação rapidamente

6. As pessoas me conhecem melhor de verdade quando:

___ Se identificam com o que eu estou sentindo

___ São capazes de ver a minha perspectiva

___ Escutam com cuidado o que tenho a dizer e como digo

___ Estão interessadas no sentido do que estou comunicando

7. Quando trabalho num projeto com outras pessoas, é mais provável que eu queira:

___ Melhorar o processo com minhas ideias

___ Fazer parte do processo de visão e planejamento

___ Organizar os eventos em sequência e pôr as coisas em ordem

___ Ajudar a construir relacionamentos bons e sólidos

8. Quando me descrevem alguma coisa:

___ Mostrar do que se trata me ajuda a ver melhor

___ Sou capaz de lembrar apenas ouvindo

___ Escrever num papel me ajuda a assimilar

___ Apresentar os fatos numa sequência lógica ajuda a fazer sentido

9. Em momentos de estresse, meu maior desafio é:

___ Confiar nas pessoas, situações ou conceitos

___ Ser diplomático, ser duro demais ou encontrar o meio-termo

___ Separar meus sentimentos do que as outras pessoas estão sentindo

___ Ser flexível e alterar o ritmo dos planos

10. Considero fácil e natural:

___ Receber inspirações internas

___ Dizer onde novas ideias se encaixam

___ Seguir a direção de métodos testados e comprovados

___ Organizar e planejar eventos

A SUA FOLHA DE RESUMO DA AUTOAVALIAÇÃO

Passo 1:

Copie cada uma de suas respostas nas linhas abaixo. Veja o exemplo:

1.	Exemplo de pergunta
	Eu tomo decisões importantes com base em: (Numa escala de 1 a 4)
_4_ S	Meu instinto e nível de conforto
_1_ A	Como a ideia soa para mim
_3_ V	A impressão que ela me dá
_2_ D	Um estudo/exame dos aspectos envolvidos

1.	2.	3.	4.	5.
___ S	___ A	___ V	___ A	___ A
___ A	___ V	___ S	___ D	___ D
___ V	___ D	___ D	___ S	___ S
___ D	___ S	___ A	___ V	___ V

6.	7.	8.	9.	10.
___ S	___ A	___ V	___ D	___ D
___ V	___ V	___ A	___ A	___ A
___ A	___ D	___ S	___ S	___ S
___ D	___ S	___ D	___ V	___ V

A FOLHA DE RESULTADOS PARA O SEU ESTILO DE PROCESSAR A COMUNICAÇÃO

Da esquerda para a direita, copie os números para cada questão da Folha de Resumo no retângulo **abaixo** da letra correspondente na folha de resultados que se segue. Veja o exemplo de como fazer isso.

Pergunta	V	A	S	D	Total
Exemplo	3	1	4	2	10
1					10
2					10
3					10
4					10
5					10
6					10
7					10
8					10
9					10
10					10
Total					100

A ordem de processamento da minha comunicação é:

_____ (V) _____ (A) _____ (S) _____ (D)

Exemplo:

__35__ (V) __29__ (A) __21__ (S) __15__ (D)

↑ [Mais alto]   ↑ [Mais baixo]

ENTENDENDO OS SEUS RESULTADOS

O **Ponto Mais Alto** representa o seu estilo de comunicação dominante ou preferencial ao se relacionar com outras pessoas e ao interpretar novas informações.

O **Ponto Mais Baixo** representa o seu estilo de comunicação mais fraco ou menos preferencial ao se relacionar com outras pessoas e ao interpretar novas informações.

Um **Empate** indica que você tem uma tendência acentuada por dois ou mais estilos de comunicação. Na próxima seção deste livro você aprenderá mais sobre cada estilo de comunicação e assim poderá perceber qual deles você tende a usar com mais frequência.

Até mesmo uma diferença de 1 ponto nos resultados é suficiente para determinar o seu estilo dominante ou preferencial.

Entendendo as suas relações com os outros

Você pode descobrir que é útil guardar seus resultados, e na medida em que estimular sua família, seus amigos mais próximos e colegas de trabalho a lerem este livro, peça para anotarem seus resultados também.

Essa tabela mostrará a você quem possui estilos de comunicação mais semelhantes ao seu e quais são os seus opostos nesse sentido. Isso lhe dará a oportunidade de individualizar as suas comunicações e, portanto, criar conexões melhores com todos os seus conhecidos.

Tabela de referências de estilos de comunicação

O ideal é que você imprima ou copie essa tabela e recorra a ela à medida que for conhecendo melhor os estilos de comunicação das outras pessoas com as quais convive.

Nome	Mais Alto	Abaixo	Abaixo	Mais baixo
Exemplo	V	S	D	A

AGORA QUE VOCÊ CONHECE OS SEUS RESULTADOS, O QUE FAZER?

Já percebeu que quando conhece certas pessoas simplesmente não consegue estabelecer nenhum tipo de vínculo com elas? Você diz uma coisa; elas escutam outra diferente. Vocês simplesmente não se entendem.

Quando sente um vínculo imediato com alguém, isso significa que você está se encaixando no estilo de comunicação dessa pessoa — ou seja, fazendo uma conexão. Quando não há esse vínculo, é provavelmente porque vocês têm estilos de comunicação diferentes, o que faz com que cada um interprete de forma errada o que o outro está dizendo, pensando ou sentindo.

É MUITO provável que existam pessoas na sua vida cujo estilo de comunicação seja diferente do seu.

Todos os membros da sua família têm o mesmo estilo de comunicação? Provavelmente não — mais uma razão para eles compartilharem com você o conteúdo deste livro. Imagine como seria se cada um de vocês soubesse e entendesse como os outros gostam de receber informações. Garanto que isso tornaria o seu lar mais feliz.

E o que dizer sobre as pessoas no trabalho? Todos os seus colegas ou clientes se comunicam da mesma forma que você? Não, definitivamente não. No caso de um vendedor, a capacidade de calibrar e entender o estilo de comunicação do cliente é importante para fazer uma boa conexão e uma boa venda.

Na Parte III, explicarei em detalhes como cada um dos quatro estilos de comunicação funciona.

PARTE III

OS 4 ESTILOS DE COMUNICAÇÃO DA PNL

Por que é importante reconhecer o seu estilo de comunicação e o das outras pessoas

Uma vez reconhecido o seu próprio estilo de comunicação, você será capaz de entender por que afirma ou pergunta determinada coisa de um determinado jeito.

Entender os estilos das outras pessoas permite que você perceba por que elas recebem e comunicam informação da forma como fazem.

Ter esse conhecimento permite que você seja flexível e calibre o seu estilo de comunicação de modo a criar vínculos e melhorar as suas conexões com todos os tipos de comunicadores.

Nas páginas seguintes, apresentarei quatro personagens diferentes, cada um exibindo comportamentos de um estilo de comunicação específico.

Por meio deles, você se tornará mais consciente das suas próprias forças e fraquezas comunicacionais e aprenderá por que se conecta bem com algumas pessoas e por que pode estar NÃO se conectando bem com outras.

E, o que é mais importante, você aprenderá a ajustar o seu estilo de comunicação para criar mais vínculos em todos os seus relacionamentos.

Ter essas informações é extremamente importante para todas as áreas da sua vida porque:

- O seu estilo de comunicação pode ser diferente do estilo do seu parceiro ou cônjuge.
- Uma mãe de quatro filhos pode descobrir que cada um deles possui um estilo de comunicação diferente.
- Os seus amigos podem ter diferentes estilos de comunicação que combinam ou não com o seu próprio.

- Um gerente ou supervisor pode ter empregados com os quatro tipos de estilos.

- Um professor pode ter alunos com os quatro tipos de estilos.

- Pessoas que trabalham com vendas podem ter clientes com os quatro tipos de estilos.

À medida que avançarmos, usarei as seguintes imagens para me referir ao estilo de que estamos tratando em cada uma das seções que se seguem.

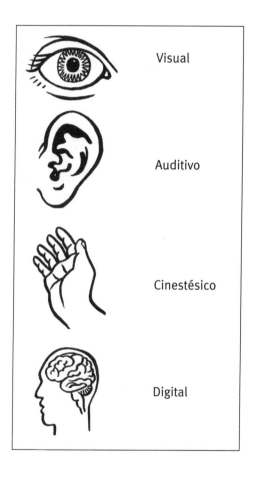

O Comunicador Visual

Conheça a Vera Visual

O maior resultado de Vera na autoavaliação é o Visual.

Se o seu também for, você provavelmente será capaz de se identificar com Vera e suas características. Ela processa informação e se comunica da mesma forma que você.

Se o seu resultado MAIS BAIXO for o Visual, você deve prestar atenção ao estilo de Vera, pois ela pode ser o tipo de comunicador com quem você tem menos conexão.

Nas páginas seguintes, aprenda mais sobre o comunicador Visual para poder descobrir a melhor forma de se conectar com ele.

Características comuns do estilo Visual

Se você é um comunicador de estilo Visual, sem dúvida reconhecerá essas qualidades em si mesmo. Se não, uma vez que entenda como as pessoas desse estilo operam — qual é para elas a melhor forma de assimilar e processar informação —, a conexão entre vocês poderá se estabelecer mais fácil e rapidamente.

Pessoas de estilo Visual

- Veem as coisas como se fossem figuras.
- Memorizam criando imagens visuais.
- Aprendem rapidamente.
- Ficam facilmente entediadas se não tiverem planos.
- Valorizam o tempo, e por isso gostam que as coisas comecem e acabem pontualmente.
- Preferem acessar o "quadro geral" do que os detalhes.

Com que frequência você usa essas palavras?

Eis uma lista de palavras que os comunicadores Visuais usam constantemente. Se você for um deles, essas palavras vão lhe parecer muito familiares. Se não, podem lhe parecer estranhas.

No quadro a seguir, indique com um ✓ se você usa essas palavras raramente ou com frequência.

	Raramente	Frequentemente
Enfocar		
Imaginar		
Ver		
Olhar		
Mostrar		
Visualizar		
Ilustrar		
Claro/claramente		
Esclarecer		
Descrever		
Brilhar		
Aparecer		
Vago/obscuro		
Inspecionar/observar		
Iluminar		

O que você aprendeu ou pôde perceber depois de concluir esse exercício?

Exemplo: Percebi como uso pouco essas palavras.

Exemplo: Uso essas palavras o tempo todo. Será que estou exagerando?

Para construir vínculos e se conectar com comunicadores de estilo Visual, você precisa conhecer as palavras que eles usam e preferem ouvir com mais frequência. E se você for um deles, também precisa estar consciente da frequência com que usa essas palavras. Essa consciência o tornará um comunicador mais flexível e melhorará as suas conexões com pessoas de estilos diferentes do seu.

EXPRESSÕES COMUNS DO COMUNICADOR DE ESTILO VISUAL

Além de reparar nas palavras mais usadas pelos comunicadores de estilo Visual, você também pode observar as expressões mais frequentes em sua fala.

Expressões comuns do estilo Visual

• Estou começando a **ver** aonde você quer chegar. • Não está **claro** o bastante. • Não gosto de entrar numa reunião completamente **às cegas**. • Me dê apenas as **linhas gerais**.	• Quero ter uma outra **perspectiva** desse assunto. • Ainda está tudo muito **nebuloso**. • Sua explicação foi bem **ilustrativa**. • Você pode **esclarecer** isso?

Saudações e despedidas típicas do estilo Visual

Saudações	Despedidas
É muito bom **ver** você.	**Vejo** você mais tarde.
Você está com um **visual** ótimo.	A gente se **vê** por aí.

DONS E DESAFIOS DO
COMUNICADOR DE ESTILO VISUAL

É importante entender que cada estilo de comunicação tem os seus próprios dons e desafios. Se você é um comunicador de estilo Visual, precisa saber o que os outros dizem *gostar* a respeito do seu estilo (dons) e como eles se sentem *desafiados* por ele.

O que os outros GOSTAM nos comunicadores de estilo Visual:

* Passam de um assunto a outro num piscar de olhos.
* Entendem rapidamente o "quadro geral" e em pouco tempo estão à vontade com a situação.
* São grandes administradores de tempo.
* São ótimos em sugerir ideias em "linhas gerais" ou que abrangem "visões futuras".

Mas existem características e comportamentos do comunicador de estilo Visual que podem ser desafiadores para os outros.

Ao se tornar mais consciente desses desafios, e ao aprender a lidar com eles, você agregará mais flexibilidade ao seu estilo de comunicação e se conectará melhor com as pessoas cujo estilo seja diferente do seu.

O que os outros consideram DESAFIADOR nos comunicadores de estilo Visual:

* Tornam-se rígidos e inflexíveis quando se deparam com mudanças de ritmo ou de programação.
* São impacientes quando se trata de ouvir ou ler detalhes.
* Tendem a pular os detalhes.

- Podem ser impacientes com os outros.
- Tendem a apressar os outros e a si próprios.

COMO CONSTRUIR E MANTER VÍNCULOS COM UM COMUNICADOR DE ESTILO VISUAL

A maioria de nós já esteve em situações em que rompemos um vínculo com alguém, ou em que alguém rompeu um vínculo conosco, então sabemos como essa sensação pode ser negativa. De fato, ela destrói a conexão entre nós. Quanto melhor o vínculo que você tem com alguém, melhor será a conexão entre vocês.

Se você não é um comunicador de estilo Visual, é importante que saiba o que construirá ou romperá um vínculo com alguém que tenha esse estilo de comunicação.

Justamente porque as pessoas de estilo Visual valorizam tanto o TEMPO, você construirá ou romperá um vínculo com elas ao fazer o seguinte:

Construirá vínculo	Romperá vínculo
Propondo uma programação Fazendo com que as reuniões/ sessões sejam curtas Cumprindo com atenção os horários de início e encerramento Avisando claramente quando houver necessidade de mudar, adiar ou remarcar eventos Indo direto ao ponto	Alterando compromissos sem dar a elas tempo de mudar o plano que tinham em mente Contando longas histórias com muitos detalhes Fazendo reuniões muito demoradas Chegando atrasado para uma reunião Pedindo-lhes informações detalhadas Deixando longas mensagens de voz ou mandando e-mails longos

QUANDO A PESSOA DE ESTILO VISUAL ESTÁ ESTRESSADA OU NÃO ESTÁ BEM

Todos nós já testemunhamos situações em que as pessoas estão estressadas, ansiosas, ou simplesmente não estão bem. É como se suas vidas estivessem temporariamente em desequilíbrio.

A seguir, há uma lista de situações que têm grande probabilidade de estressar pessoas de estilo Visual, junto com os comportamentos que elas provavelmente terão. Se você é uma pessoa de estilo Visual, reconhecerá esses comportamentos em si mesmo. Se os vir em outra pessoa, pode apostar que ela é uma comunicadora desse estilo.

O que faz com que a pessoa de estilo Visual fique estressada ou não fique bem?

- Ela pode se tornar rígida e inflexível se a imagem que tem na cabeça mudar muito rapidamente ou com frequência.

- Ela se torna impaciente com muitas palavras, detalhes e pessoas que falam sem parar.

- Ela pode ficar irritada se projetos/tarefas não forem realizados a tempo ou se alguém se atrasar para um compromisso social.

Se você está consciente do que causa esse tipo de problema para as pessoas de estilo Visual, há coisas que pode fazer para aliviar o estresse e ajudá-las a recuperar o equilíbrio. Se você é uma pessoa de estilo Visual, pode usar essas táticas para se acalmar e recuperar o seu próprio equilíbrio.

Como ajudar as pessoas de estilo
Visual a recuperar o equilíbrio

- Avise com clareza e antecedência quando houver alguma alteração de horário. Num relacionamento pessoal, isso pode significar ter de avisar o seu parceiro com o máximo de antecedência possível se vai chegar mais tarde do que o planejado. Numa situação profissional, isso quer dizer evitar remarcar uma reunião no último minuto.

- Dê informações curtas e claras. Não importa se você está planejando uma atividade social ou uma reunião de negócios, sempre defina o horário e o local com clareza. Não dê qualquer detalhe além do estritamente necessário.

- Sugira que elas reservem um tempo para organizar e arrumar o quarto ou o escritório.

- Sugira que elas planejem um projeto ou atividade futura, seja uma viagem de férias ou uma estratégia de negócios.

COMO FAZER PERGUNTAS QUE ESTIMULEM RESPOSTAS DO COMUNICADOR DE ESTILO VISUAL

Você tem certeza de que está se encaixando com o estilo de comunicação de uma pessoa e fazendo uma conexão quando ela responde às suas perguntas com rapidez e facilidade. Usar palavras e expressões com as quais a outra pessoa pode se identificar é uma forma de criar essa conexão.

Eis uma lista de perguntas que estimulam respostas rápidas do comunicador de estilo Visual.

Perguntas que estimulam respostas:

- Já dá pra **ver** o que estou pretendendo com isso, não é?
- Afinal, como está **vendo** isso tudo?

- Dá para **imaginar** como vai ficar o escritório depois da reforma?

- Está **claro**?

Agora que você compreende o estilo Visual...

Faça um inventário das pessoas da sua vida pessoal e profissional. Quem você acha que processa informação no estilo Visual? Na folha de exercício a seguir, ponha o nome da pessoa na Coluna A. Na Coluna B, escreva as razões que levam você a suspeitar ou saber que essa pessoa processa informações visualmente. Na Coluna C, indique com um "sim" ou um "não", respectivamente, se você considera que a sua conexão com essa pessoa é boa ou se acha que ela poderia melhorar.

A	B	C
Nome	Por que acho que eles processam informação visualmente	Conexão boa? Sim / Não
Vítor	Gosta de reuniões curtas, usa muitas palavras visuais, fala em "linhas gerais".	Não

Se você escreveu "não" na Coluna C para qualquer uma dessas pessoas, indique nas linhas abaixo o que aprendeu para melhorar esse relacionamento.

Vou reduzir os detalhes da conversa quando estiver com Vítor.

Vou me lembrar de usar mais palavras visuais.

O Comunicador Auditivo

Conheça o Alex Auditivo

O maior resultado de Alex na autoavaliação é o Auditivo.

Se o seu também for, você provavelmente se identificará com Alex e suas características. Ele processa informação e se comunica do mesmo modo que você.

Se o seu resultado MAIS BAIXO for o Auditivo, você deve prestar atenção ao estilo de Alex, pois ele pode ser o tipo de comunicador com quem você tem menos conexão.

Nas páginas seguintes, aprenda mais sobre o comunicador Auditivo e poderá descobrir a melhor forma de se conectar com ele.

Características comuns do estilo Auditivo

Se você é um comunicador de estilo Auditivo, certamente reconhecerá essas qualidades em si mesmo. Se não, uma vez que entenda como as pessoas desse estilo operam — qual é para elas a melhor forma de assimilar e processar informação —, será capaz de se conectar com elas muito rápida e facilmente.

Pessoas de estilo Auditivo

- Lembram do que ouviram, palavra por palavra.
- Aprendem ouvindo e geralmente não fazem anotações.
- São boas contadoras de histórias.
- Falam sozinhas quando estão trabalhando ou se concentrando (Você as ouvirá com frequência emitindo sons como ahh, hmmm, oooh).

Com que frequência você usa essas palavras?

Eis uma lista de palavras que os comunicadores Auditivos usam constantemente. Se você for um deles, essas palavras vão lhe parecer muito familiares. Se não, podem lhe parecer estranhas.

No quadro a seguir, indique com um ✓ se você usa essas palavras raramente ou com frequência.

	Raramente	Frequentemente
Harmonia		
Repetir		
Sintonizar		
Tocar		
Discutir		
Soar		
Escutar		
Som		
Sussurrar		
Afinar		
Ouvir		
Dizer		
Balbuciar		
Clicar/Estalar		
Silêncio		

O que você aprendeu ou pôde perceber depois de concluir esse exercício?

Exemplo: Percebi como uso pouco essas palavras.

Exemplo: Uso essas palavras o tempo todo. Será que estou exagerando?

Para criar vínculos e se conectar com os comunicadores de estilo Auditivo, você precisa estar consciente das palavras que eles mais usam e que preferem ouvir. E se você for um deles, também precisa estar consciente da frequência com que usa essas palavras. Essa consciência o tornará um comunicador mais flexível e melhorará as suas conexões com pessoas cujo estilo é diferente do seu.

EXPRESSÕES COMUNS DO COMUNICADOR DE ESTILO AUDITIVO

Além de reparar nas palavras mais usadas pelos comunicadores de estilo Auditivo, você também pode observar as expressões mais frequentes em sua fala.

Expressões comuns do estilo Auditivo

• Conte mais. • Estou ouvindo. • Algo me diz que isso vai funcionar. • Foi como música para os meus ouvidos.	• Que voz esganiçada! • Escute aqui, você trouxe o livro? • Nossas opiniões estão bem afinadas. • Essa expressão soa meio ambígua.

Saudações e despedidas típicas do estilo Auditivo

Saudações	Despedidas
• É tão bom falar com você.	• Falo com você mais tarde.
• Liguei para te contar...	• A gente conversa outro dia.

DONS E DESAFIOS DO
COMUNICADOR DE ESTILO AUDITIVO

É importante entender que cada estilo de comunicação tem os seus próprios dons e desafios. Se você é um comunicador de estilo Auditivo, precisa saber o que os outros dizem *gostar* a respeito do seu estilo (dons) e como eles se sentem *desafiados* por ele.

O que os outros GOSTAM nos comunicadores de estilo Auditivo

* Eles são normalmente excelentes palestrantes.
* São pessoas cheias de "ideias".
* Amam discussões e gostam de dar longas descrições e explicações.
* Muitos são grandes escritores e editores.
* São grandes contadores de histórias.
* Gostam de aperfeiçoar tanto coisas quanto processos.

Outras características e comportamentos do comunicador de estilo Auditivo podem, contudo, ser desafiadores para os outros.

Ao se tornar mais consciente desses desafios, e ao aprender a lidar com eles, você agregará mais flexibilidade ao seu estilo de comunicação e se conectará melhor com as pessoas cujo estilo seja diferente do seu.

O que os outros consideram DESAFIADOR nos comunicadores de estilo Auditivo:

* Eles tendem a ser bruscos, duros ou parecerem diretos demais.
* Ser diplomático é um desafio para eles.

- Dão opiniões firmes, quer elas tenham sido solicitadas ou não.
- Se enfurecem com facilidade quando percebem que não estão sendo ouvidos.
- Quando estão com raiva, discutem para defender sua opinião e culpam os outros.
- Interrompem com frequência a fala dos outros e têm dificuldade em deixar que concluam suas frases.
- Tendem a pular de um assunto para outro.
- Tendem a ficar emburrados ou a se retrair quando as suas ideias não são aceitas.
- Podem se apaixonar pelo som da própria voz.
- Ficam repetindo as coisas até terem certeza de que estão sendo ouvidos.

COMO CONSTRUIR E MANTER VÍNCULOS COM UM COMUNICADOR DE ESTILO AUDITIVO

A maioria de nós já esteve em situações em que rompemos um vínculo com alguém, ou em que alguém rompeu um vínculo conosco, então sabemos como essa sensação pode ser negativa. De fato, ela destrói a conexão entre nós. Quanto melhor o vínculo que você tem com alguém, melhor será a conexão entre vocês.

Se você não é um comunicador de estilo Auditivo, é importante que saiba o que construirá ou romperá um vínculo com alguém que tenha esse estilo de comunicação.

Justamente porque as pessoas de estilo Auditivo valorizam tanto a IMPARCIALIDADE e a HONESTIDADE, você construirá ou romperá um vínculo com elas ao fazer o seguinte:

Construirá vínculo	Romperá vínculo
Fazendo perguntas sobre elas Evitando pressioná-las Ajudando-as a se ater ao assunto em pauta Escutando atentamente Dividindo as coisas em pequenos passos e ajudando a estabelecer prioridades Repetindo as coisas para elas Dizendo-lhes que está ouvindo ("Estou entendendo o que você diz", "Sim, entendi o que você quis dizer")	Fazendo alguma outra coisa enquanto elas falam com você (elas acharão que não estão sendo ouvidas) Interrompendo-as com frequência Levantando o tom de voz quando está falando com elas Falando num tom duro Apressando-as quando estão contando uma história Usando as palavras de qualquer jeito Conversando com elas em ambiente barulhento Usando material de áudio que seja de má qualidade, tanto técnica quanto gramaticalmente

QUANDO A PESSOA DE ESTILO AUDITIVO ESTÁ ESTRESSADA OU NÃO ESTÁ BEM

Todos nós já testemunhamos situações em que as pessoas estão estressadas, ansiosas, ou simplesmente não estão bem. É como se suas vidas estivessem temporariamente em desequilíbrio.

A seguir, há uma lista de situações que têm grande probabilidade de estressar pessoas de estilo Auditivo, junto com os comportamentos que elas provavelmente terão. Se você é uma pessoa de estilo Auditivo, reconhecerá esses comportamentos em si mesmo. Se os vir em outra pessoa, pode apostar que ela é uma comunicadora de estilo Auditivo.

O que faz com que a pessoa de estilo Auditivo fique estressada ou fora de equilíbrio?

- ◆ Ela se recolhe e pode ficar frustrada quando suas ideias são desafiadas ou rejeitadas.

+ Pode falar muito alto se achar que não está sendo ouvida.
+ Pode começar participando de um diálogo e terminar dando uma longa e abrangente palestra sobre um assunto.

Se você está consciente do que causa esse tipo de problema para as pessoas de estilo Auditivo, há coisas que pode fazer para aliviar o estresse e ajudá-las a recuperar o equilíbrio. Se você é uma pessoa de estilo Auditivo, pode usar essas táticas para se acalmar e recuperar o seu próprio equilíbrio.

Como ajudar as pessoas de estilo Auditivo a recuperar o equilíbrio

+ Deixe claro que você está aberto a suas sugestões e ideias.
+ Diga que está disposto a debater com elas uma ideia qualquer sempre que necessário.
+ Seja um ouvinte absolutamente presente e lhes dê toda a sua atenção.
+ Se elas se desviarem do assunto ou estiverem se alongando muito, traga-as de volta com toda delicadeza.
+ Ajude-as a se concentrarem exatamente no que elas estão querendo.

Como fazer perguntas que estimulem respostas do comunicador de estilo Auditivo

Você pode ter certeza de que está combinando com o estilo de comunicação de uma pessoa e fazendo uma conexão quando ela responde às suas perguntas com rapidez e facilidade. Usar palavras e expressões com as quais a outra pessoa pode se identificar é uma forma de criar essa conexão.

Eis uma lista de perguntas que estimulam respostas rápidas do comunicador de estilo Auditivo.

Perguntas que estimulam respostas:

* Como isso **soa** pra você?
* **Diga**-me...
* Estamos **afinados** um com o outro?
* Qual é a sua **ideia**?
* Como isso pode ser **melhorado**?
* Qual das possibilidades **fala** mais alto para você?

AGORA QUE VOCÊ COMPREENDE O ESTILO AUDITIVO...

Faça um inventário das pessoas da sua vida pessoal e profissional. Quem na sua vida você acha que processa informação no estilo Auditivo? Na folha de exercício a seguir, coloque o nome dessa pessoa na Coluna A. Na Coluna B, escreva as razões que levam você a suspeitar ou saber que essa pessoa processa informações auditivamente. Na Coluna C, indique com um "sim" ou um "não", respectivamente, se você considera que a sua conexão com essa pessoa é boa ou se acha que ela poderia melhorar.

A	B	C
Nome	Auditivo	Conexão boa? Sim / Não
Alex	Gosta de falar, e muito. É ótimo para dar ideias e adora contar histórias.	Não

Se você escreveu "não" na Coluna C para qualquer uma dessas pessoas, indique nas linhas abaixo o que aprendeu para melhorar esse relacionamento

Posso perguntar a ele como melhorar algo, permitindo assim que ele tenha "voz" ativa.

Escutá-lo de verdade e mostrar isso a ele, dizendo "Estou ouvindo. Entendi".

A LEI DA CONEXÃO

O Comunicador Cinestésico

Conheça a Célia Cinestésica

O maior resultado de Célia na autoavaliação é o Cinestésico.

Se o seu também for, você provavelmente será capaz de se identificar com Célia e suas características. Ela processa informação e se comunica da mesma forma que você.

Se o seu resultado MAIS BAIXO for o Cinestésico, você deve prestar atenção ao estilo de Célia, pois ela pode ser o tipo de comunicador com quem você tem menos conexão.

Nas páginas seguintes, aprenda mais sobre o comunicador Cinestésico, e poderá descobrir a melhor forma de se conectar com ele.

CARACTERÍSTICAS COMUNS DO ESTILO CINESTÉSICO

Se você é um comunicador de estilo Cinestésico, sem dúvida reconhecerá essas qualidades em si mesmo. Se não, uma vez que entenda como as pessoas desse estilo operam — qual é para elas a melhor forma de assimilar e processar informação —, a conexão entre vocês poderá se estabelecer mais fácil e rapidamente.

PESSOAS DE ESTILO CINESTÉSICO

- Costumam falar devagar.
- Aprendem melhor fazendo.
- Precisam de tempo para se "sentir à vontade" com novas informações.
- São capazes de dizer que "sentem" que alguma coisa está certa ou errada quando alguém lhes pede para tomar uma decisão.
- Têm tendência a levar algum tempo para "se adaptar" a um novo ambiente ou a "se encaixar" em uma nova situação.

COM QUE FREQUÊNCIA VOCÊ USA ESSAS PALAVRAS?

Aqui está uma lista de palavras que os comunicadores Cinestésicos usam constantemente. Se você for um deles, essas palavras vão lhe parecer muito familiares. Do contrário, podem lhe parecer estranhas.

No quadro a seguir, indique com um ✓ se você usa essas palavras raramente ou com frequência.

	Raramente	Frequentemente
Sentir		
Firmar		
Juntos		
Relacionamento		
Tocar		
Conectar		
Pressionar		
Pegar		
Difícil		
Completo		
Divertido		
Leve		
Brincar		
Paralisado		
Tropeçar		
Caber		
Atingir		
Confortável		
Segurar		

O que você aprendeu ou pôde perceber depois de concluir esse exercício?

Exemplo: Percebi como uso pouco essas palavras.

Exemplo: Uso essas palavras o tempo todo. Será que estou exagerando?

Para construir vínculos e se conectar com comunicadores de estilo Cinestésico, você precisa conhecer as palavras que eles mais usam e preferem ouvir com frequência. E se você for um deles, também precisa estar consciente da frequência com que usa essas palavras. Essa consciência o tornará um comunicador mais flexível e melhorará as suas conexões com pessoas de estilos diferentes do seu.

EXPRESSÕES COMUNS DO COMUNICADOR DE ESTILO CINESTÉSICO

Além de reparar nas palavras mais usadas pelos comunicadores de estilo Cinestésico, você também pode observar as expressões mais frequentes em sua fala.

Expressões comuns do estilo Cinestésico

• Não vamos tocar nesse assunto. • Me mostre o caminho para entender isso. • Isso simplesmente me irrita. • Não peguei muito bem o que você disse.	• Tenho a sensação de que esse é o caminho. • Estou começando a pôr a mão na massa. • E onde é que eu me encaixo nessa história?

Saudações e despedidas típicas do estilo Cinestésico

Saudações	Despedidas
• **Adoro** quando você aparece.	• **Cuide**-se.
• Vamos tomar um café **juntos**.	• Um **abraço**.

Dons e desafios do comunicador de estilo Cinestésico

É importante entender que cada estilo de comunicação tem os seus próprios dons e desafios. Se você é um comunicador de estilo Cinestésico, precisa saber o que os outros dizem *gostar* a respeito do seu estilo (dons) e como eles se sentem *desafiados* por ele.

O que os outros GOSTAM nos comunicadores de estilo Cinestésico:

- São bons em construir relacionamentos.
- São extremamente leais.
- Estão sempre disponíveis para ajudar e oferecer apoio.
- São atentos aos detalhes.
- Trabalham muito bem em equipe.

Mas existem características e comportamentos do comunicador de estilo Cinestésico que podem ser desafiadores para os outros.

Ao se tornar mais consciente desses desafios, e ao aprender a lidar com eles, você agregará mais flexibilidade ao seu estilo de comunicação e se conectará melhor com as pessoas cujo estilo seja diferente do seu.

O que os outros consideram DESAFIADOR nos comunicadores de estilo Cinestésico:

- A maioria tem dificuldade em tomar decisões rápidas.
- Podem se sentir sufocados diante de muitas opções.
- Tendem a dar mais detalhes do que a maioria das pessoas precisa ou quer.

- Podem ser lentos e metódicos e, portanto, levar mais tempo que os outros para concluir uma tarefa.

- Podem ser carentes e, portanto, exigir "altos cuidados" em relacionamentos pessoais e profissionais.

Como construir e manter vínculos com um comunicador de estilo Cinestésico

A maioria de nós já esteve em situações em que rompemos um vínculo com alguém, ou em que alguém rompeu um vínculo conosco, então sabemos como essa sensação pode ser negativa. De fato, ela destrói a conexão entre nós. Quanto melhor o vínculo que você tem com alguém, melhor será a conexão entre vocês.

Se você não é um comunicador de estilo Cinestésico, é importante que saiba o que construirá ou romperá vínculos com alguém que tenha esse estilo de comunicação.

Justamente porque as pessoas de estilo Cinestésico valorizam tanto os RELACIONAMENTOS e as CONEXÕES, você construirá ou romperá um vínculo com elas ao fazer o seguinte:

Construirá vínculo	Romperá vínculo
Propondo uma programação tanto para os eventos pessoais quanto para as reuniões de negócio	Fazendo-as se sentirem excluídas
Fazendo questão de se aproximar delas em situações de grupo, de forma a que elas se sintam incluídas	Sufocando-as com muitas ideias ou opções de uma só vez
Sendo sensível à necessidade delas de se sentir à vontade em seu ambiente físico	Desconsiderando as suas reações e contribuições intuitivas e emocionais para um plano ou projeto
Garantindo datas e horários de início e fim para todos os eventos e projetos	Interrompendo a diversão e reprimindo a sua criatividade
Dando-lhes tempo para a criatividade, a diversão e a socialização	
Oferecendo-lhes poucas opções para simplificar a escolha	

A LEI DA CONEXÃO

QUANDO A PESSOA DE ESTILO CINESTÉSICO ESTÁ ESTRESSADA OU NÃO ESTÁ BEM

Todos nós já testemunhamos situações em que as pessoas estão estressadas, ansiosas, ou simplesmente não estão bem. É como se suas vidas estivessem temporariamente em desequilíbrio.

A seguir, há uma lista de situações que têm grande probabilidade de estressar pessoas de estilo Cinestésico, junto com os comportamentos que elas provavelmente terão nessas situações. Se você é uma pessoa de estilo Cinestésico, reconhecerá esses comportamentos em si mesmo. Se os vir em outra pessoa, pode apostar que ela é uma comunicadora de estilo Cinestésico.

O que faz com que a pessoa de estilo Cinestésico fique estressada ou não fique bem?

- Ela fica magoada quando sente que está sendo excluída ou deixada de lado.

- Quando não se sente à vontade ou confiante numa situação ou num relacionamento, pode assumir uma postura carente exigindo muita atenção.

- Quando sente negatividade numa situação ou num relacionamento, pode se retrair e querer fugir, tanto física quanto emocionalmente.

- Quando tem muitas escolhas ou tarefas complicadas para realizar, pode se sentir sufocada e evitar fazer o que tem de ser feito.

- Faz quase tudo para evitar conflitos e tende a se tornar passiva, em vez de defender suas opiniões e a si mesma.

Se você está consciente do que causa esse tipo de problema para as pessoas de estilo Cinestésico, há coisas que pode fazer para aliviar o estresse e ajudá-las a recuperar o equilíbrio. Se você é uma pessoa de estilo Cinestésico, pode usar essas táticas para se acalmar e recuperar o seu próprio equilíbrio.

Como ajudar as pessoas de estilo Cinestésico a recuperar o equilíbrio

- Pergunte-lhes qual seria a melhor maneira de ajudá-las.
- Dê tempo para que possam ficar sozinhas em seu próprio espaço.
- Estimule-as a separar os seus próprios sentimentos e os dos outros.
- Ofereça a orientação que precisam para tomar iniciativa e seguir em frente.
- Não as sufoque com muita informação de uma só vez. Divida os projetos em pequenos passos e dê a elas "datas de início" com antecedência.
- Ofereça-se como alguém que pode lhes dar apoio e trabalhar com elas em equipe.
- Escute pacientemente, e lhes dê bastante tempo para chegar a uma conclusão.

COMO FAZER PERGUNTAS QUE ESTIMULEM RESPOSTAS DO COMUNICADOR DE ESTILO CINESTÉSICO

Você pode ter certeza de que está combinando com o estilo de comunicação de uma pessoa e fazendo uma conexão quando ela responde às suas perguntas com rapidez e facilidade. Usar palavras e expressões com as quais a outra pessoa pode se identificar é uma forma de criar essa conexão.

Eis aqui uma lista de perguntas que estimulam respostas rápidas do comunicador de estilo Cinestésico.

Perguntas que estimulam respostas:

- Como você se **sente** com isso?
- O que o deixaria mais **à vontade**?
- Você se **identifica** com isso?
- Isso **funciona** para você?

AGORA QUE VOCÊ COMPREENDE O ESTILO CINESTÉSICO...

Faça um inventário das pessoas da sua vida pessoal e profissional. Quem você acha que processa informação no estilo Cinestésico? Na folha de exercício a seguir, ponha o nome da pessoa na Coluna A. Na Coluna B, escreva as razões que levam você a suspeitar ou saber que essa pessoa processa informações cinestesicamente. Na Coluna C, indique com um "sim" ou um "não", respectivamente, se você considera que a sua conexão com essa pessoa é boa ou se acha que ela poderia melhorar.

A	B	C
Nome	Cinestésico	Conexão boa? Sim / Não
Célia	Demora muito para responder às minhas perguntas e fica atordoada se tento apressá-la.	Não

Se você escreveu "não" na Coluna C para qualquer uma dessas pessoas, indique nas linhas abaixo o que aprendeu para melhorar esse relacionamento

Dar-lhe tempo para se "situar" com relação às perguntas que lhe faço.

Arranjar sempre um tempinho para abraçá-la.

O Comunicador Digital

Conheça o Daniel Digital

O maior resultado de Daniel na autoavaliação é o Digital.

Se o seu também for, você provavelmente será capaz de se identificar com Daniel e suas características. Ele processa informação e se comunica da mesma forma que você.

Se o seu resultado MAIS BAIXO for o Digital, você deve prestar atenção ao estilo de Daniel, pois ele pode ser o tipo de comunicador com quem você tem menos conexão.

Nas páginas seguintes, aprenda mais sobre o comunicador Digital, e poderá descobrir a melhor forma de se conectar com ele.

Características comuns do estilo Digital

Se você é um comunicador de estilo Digital, sem dúvida reconhecerá essas qualidades em si mesmo. Se não, uma vez que entenda como as pessoas desse estilo operam — qual é para elas a melhor forma de assimilar e processar informação —, a conexão entre vocês poderá se estabelecer mais fácil e rapidamente.

Pessoas de estilo Digital

- Memorizam as coisas passo a passo e por sequências.
- Processam informação de um jeito metódico, racional e lógico.
- Prestam muita atenção aos detalhes.
- Têm uma grande necessidade de dar sentido ao mundo à sua volta.
- Aprendem elaborando as coisas mentalmente.
- Precisam de tempo para processar novas informações.

Com que frequência você usa essas palavras?

Aqui está uma lista de palavras que os comunicadores Digitais usam constantemente. Se você for um deles, essas palavras vão lhe parecer muito familiares. Do contrário, podem lhe parecer estranhas.

No quadro a seguir, indique com um ✓ se você usa essas palavras raramente ou com frequência.

	Raramente	Frequentemente
Perceber		
Considerar		
Detalhar		
Conhecer		
Descrever		
Deduzir		
Processar		
Lógico		
Conceber		
Mudar		
Sequência		
Primeiro/Último		
Pensar		
Pensamento		
Racional		
Decidir		
Compreender		

O que você aprendeu ou pôde perceber depois de concluir esse exercício?

Exemplo: Percebi como uso pouco essas palavras.

Exemplo: Uso essas palavras o tempo todo. Será que estou exagerando?

Para construir vínculos e se conectar com comunicadores de estilo Digital, você precisa conhecer as palavras que eles usam e preferem ouvir com mais frequência. E se você for um deles, também precisa estar consciente da frequência com que usa essas palavras. Essa consciência o tornará um comunicador mais flexível e melhorará as suas conexões com pessoas de estilos diferentes do seu.

EXPRESSÕES COMUNS DO COMUNICADOR DE ESTILO DIGITAL

Além de reparar nas palavras mais usadas pelos comunicadores de estilo Digital, você também pode observar as expressões mais frequentes em sua fala.

Expressões comuns do estilo Digital

• Sem dúvida alguma. • Palavra por palavra. • Descreva em detalhes. • Vamos tentar deduzir as consequências.	• Mas isso faz sentido? • Preste atenção. • Eu sei. • Entendo o que você quer dizer.

Saudações e despedidas típicas do estilo Digital

Saudações	Despedidas
• Oi.	• Até logo.
• Sim?	• Tchau.

Dons e desafios do comunicador de estilo Digital

É importante entender que cada estilo de comunicação tem os seus próprios dons e desafios. Se você é um comunicador de estilo Digital, precisa saber o que os outros dizem *gostar* a respeito do seu estilo (dons) e como eles se sentem *desafiados* por ele.

O que os outros GOSTAM nos comunicadores de estilo Digital:

* São bons em resolver problemas complexos.
* São grandes estrategistas.
* São excelentes em sequenciar e estruturar tarefas e projetos.
* Administram muito bem os detalhes.
* São extremamente hábeis para planejar eventos, festas e excursões.
* Veem como as partes se encaixam para formar o "quadro geral".
* São extremamente leais.

O que os outros consideram DESAFIADOR nos comunicadores de estilo Digital:

* Eles demoram a confiar em novas pessoas, novas coisas e até novos conceitos.
* Odeiam ser interrompidos.
* Podem ser muito teimosos e preferem quando lhes pedem para fazer alguma coisa, em vez de lhes dizerem como fazer.
* Não dão informações espontaneamente; mas só quando lhes pedem para fazê-lo.

COMO CONSTRUIR E MANTER VÍNCULOS COM UM COMUNICADOR DE ESTILO DIGITAL

A maioria de nós já esteve em situações em que rompemos um vínculo com alguém, ou em que alguém rompeu um vínculo conosco, então sabemos como essa sensação pode ser negativa. De fato, ela destrói a conexão entre nós. Quanto melhor o vínculo que você tem com alguém, melhor será a conexão entre vocês.

Se você não é um comunicador de estilo Digital, é importante que saiba o que construirá ou romperá um vínculo com alguém que tenha esse estilo de comunicação.

Justamente porque as pessoas de estilo Digital valorizam tanto o CONHECIMENTO sobre o futuro, você construirá ou romperá um vínculo com elas ao fazer o seguinte:

Construirá vínculo	Romperá vínculo
Propondo uma programação	Invadindo seu espaço privado sem pedir licença
Criando um cronograma junto com elas	Esperando uma resposta imediata para perguntas que lhes fez de forma inesperada quando elas estavam concentradas em outra coisa
Permitindo que elas tenham tempo para concluir suas tarefas	
Usando a lógica e propondo fatos e números quando se trata de tomar decisões	Apresentando muitas novas ideias e não lhes dando tempo de assimilar os detalhes
Oferecendo um ambiente de trabalho silencioso e individual	Dizendo-lhes o que fazer em vez de pedir e/ou oferecer opções
Mostrando que confia nelas	

QUANDO A PESSOA DE ESTILO DIGITAL ESTÁ ESTRESSADA OU NÃO ESTÁ BEM

Todos nós já testemunhamos situações em que as pessoas estão estressadas, ansiosas, ou simplesmente não estão bem. É como se suas vidas estivessem temporariamente em desequilíbrio.

A seguir, há uma lista de situações que têm grande probabilidade de estressar pessoas de estilo Digital, junto com os comportamentos que elas provavelmente terão nessas situações. Se você é uma pessoa de estilo Digital, reconhecerá esses comportamentos em si mesmo. Se os vir em outra pessoa, pode apostar que ela é uma comunicadora de estilo Digital.

O que faz com que a pessoa de estilo Digital fique estressada ou não fique bem?

- Quando a sua programação é interrompida ou a sua rotina é bruscamente alterada, ela tende a se tornar rígida e teimosa.

- Quando o seu senso de ordem é bruscamente rompido, ela tenta restaurá-lo por conta própria sem considerar os sentimentos e as necessidades dos outros.

- Quando está estressada, evita a comunicação.

- Fica estressada com coisas que *podem* vir a acontecer em algum momento do futuro.

Se você está consciente do que causa esse tipo de problema para as pessoas de estilo Digital, há coisas que pode fazer para aliviar o estresse e ajudá-las a recuperar o equilíbrio. Se você é uma pessoa de estilo Digital, pode usar essas táticas para se acalmar e recuperar o seu próprio equilíbrio.

Como ajudar as pessoas de estilo Digital a recuperar o equilíbrio

- Pergunte a elas o que precisam para fazer algo melhor.

- Dê a elas um tempo para que fiquem sozinhas pensando e avaliando as coisas.

- Estimule-as a comer, porque elas geralmente esquecem de se alimentar quando estão profundamente envolvidas com um projeto.

- Lembre que elas devem confiar no processo atual e estimule-as a se preocupar menos com o futuro.

COMO FAZER PERGUNTAS QUE ESTIMULEM RESPOSTAS DO COMUNICADOR DE ESTILO DIGITAL

Você pode ter certeza de que está combinando com o estilo de comunicação de uma pessoa e fazendo uma conexão quando ela responde às suas perguntas com rapidez e facilidade. Usar palavras e expressões com as quais a outra pessoa pode se identificar é uma forma de criar essa conexão.

Eis aqui está uma lista de perguntas que estimulam respostas rápidas do comunicador de estilo Digital.

Perguntas que estimulam respostas:

- Está **entendendo**?

- Isso está **fazendo sentido**?

- O que você **acha**?

- Você pode **descrever** isso em **detalhes**?

AGORA QUE VOCÊ COMPREENDE O ESTILO DIGITAL...

Faça um inventário das pessoas da sua vida pessoal e profissional. Quem você acha que processa informação digitalmente? Na folha de exercício a seguir, ponha o nome da pessoa na Coluna A. Na Coluna B, escreva as razões que levam você a suspeitar ou saber que essa pessoa processa informações digitalmente. Na

Coluna C, indique com um "sim" ou um "não", respectivamente, se você considera que a sua conexão com essa pessoa é boa ou se acha que ela poderia melhorar.

A	B	C
Nome	Digital	Conexão boa? Sim / Não
Daniel	Sempre quer todos os detalhes da situação e precisa de tempo para processar minhas perguntas.	Sim
Ângela	Odeia quando está trabalhando no computador e interrompo o fio de seu pensamento.	Não

Se você escreveu "não" na Coluna C para qualquer uma dessas pessoas, indique nas linhas abaixo o que aprendeu para melhorar esse relacionamento

Tentarei não interromper Ângela quando ela estiver no meio de algo e agendarei horários para conversarmos de modo que ela possa se planejar com antecedência.

PARTE IV

CALIBRANDO AS SUAS CONVERSAS

CALIBRAR PARA CONECTAR

Agora que você completou a autoavaliação e leu a respeito dos quatro estilos de comunicação, deve estar mais consciente do seu método preferido para receber e processar informações. E deve, também, ter descoberto qual estilo é o menos familiar ou natural para você.

Ao ler sobre os quatro estilos, você provavelmente disse consigo mesmo:

- ◆ É a minha cara, digo isso o tempo todo.
- ◆ Isso tem muito a ver comigo.
- ◆ Esses são exatamente os tipos de comportamento que tenho.

Com relação ao estilo que menos se assemelha ao seu, é provável que tenha dito:

- ◆ Nunca uso essas palavras.
- ◆ Essas palavras me parecem estranhas.
- ◆ Esse tipo de pessoa me irrita profundamente.

CONHEÇA O EDUARDO ESPECIALISTA

Eduardo conhece muito bem os quatro estilos de comunicação e está sempre disposto a ajudar os amigos com seus problemas de falha de comunicação.

Nas conversas a seguir, você verá como e por que pessoas que têm estilos diferentes podem encontrar dificuldades para construir vínculos, e como calibrando o seu estilo para que ele combine com o da pessoa com quem você está tentando se conectar pode transformar uma dinâmica negativa em positiva.

Depois de ler essas conversas tão comuns no dia a dia, será bem mais fácil aplicar o que aprendeu sobre os quatro estilos de comunicação em cada aspecto da sua vida. Todos precisamos e/ou queremos fazer conexões diariamente, em situações profissionais e relacionamentos pessoais. Independentemente da situação em que esteja — um gerente tentando conseguir a cooperação de um colega num projeto, um pai explicando algo ao seu filho, um professor se comunicando com um aluno, ou alguém buscando criar um relacionamento pessoal mais profundo e significativo —, você descobrirá que sua capacidade de calibrar fará todas as suas comunicações se tornarem mais eficazes e positivas.

É importante lembrar que o simples fato de ser um comunicador Visual, Auditivo, Cinestésico ou Digital não implica que você seja incapaz de construir vínculos e fazer conexões significativas com pessoas de diferentes estilos. É claro que você é capaz disso, e tornar-se consciente de como calibrar o seu estilo de acordo com o delas é o que vai ajudá-lo.

Eis aqui quatro estudos de caso que mostram por que houve uma ruptura na comunicação e como ela foi facilmente corrigida quando se entendeu o estilo de comunicação do outro.

Vera Visual deseja fazer uma venda

Vera Visual é vendedora do departamento de eletroeletrônicos de uma loja. Ela percebe que há um cliente olhando o manual de um dos modelos de TV expostos na vitrine e fazendo anotações. Como é de estilo Visual, Vera pressupõe que o cliente gostou da estética do aparelho e se aproxima dizendo: "Olá, posso mostrá-la a você? Nessa tela grande a imagem fica maravilhosa."

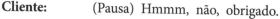

Cliente: (Pausa) Hmmm, não, obrigado. Por enquanto quero só algumas informações.

Vera Visual: Vou lhe mostrar como ela é maravilhosa.

Cliente: Quanto tem de garantia? É a primeira coisa que quero saber.

Vera Visual: Claro. Só vou ligar antes para mostrar a qualidade da imagem.

Cliente: Olhe, eu gostaria muito que antes você respondesse a minha pergunta. [E prossegue, em tom ríspido.] Prefiro decidir por conta própria. Quando tiver dúvidas, procuro você.

O cliente não voltou a procurar Vera Visual. Continuou fazendo suas anotações e foi embora.

Vera Visual se sente rejeitada e percebe que rompeu o vínculo com o cliente.

Mais tarde; naquele mesmo dia, ela liga para o amigo Eduardo Especialista. Conta o que aconteceu e lhe pede um conselho.

Primeiro, Eduardo Especialista diz a Vera Visual que tem certeza que o cliente era um comunicador de estilo Digital, porque estava interessado nos detalhes e anotando o que lhe parecia importante para se organizar.

Eduardo Especialista aponta as características e as palavras usadas pelo cliente:

- Olhar o manual
- Reunir informações e tomar notas
- Perguntar qual é a garantia
- Dizer que era a primeira coisa que queria saber
- Dizer que procuraria por ela quando "tivesse dúvidas".

Então, Eduardo explica a Vera Visual que ela usou palavras e expressões Visuais que causaram um rompimento do vínculo com o seu cliente Digital. Agora Vera Visual pode entender porque foi tão difícil estabelecer uma conexão com aquele cliente.

Eduardo Especialista também sugere o que ela poderia fazer da próxima vez que atendesse um cliente Digital:

- Deixar que ele observe o que quiser, antes de abordá-lo.
- Perguntar o que ele acha de determinado modelo de TV.
- Perguntar: "Há algo mais que queira saber sobre a garantia?"
- Dar mais tempo para ele processar as informações que obteve e tomar uma decisão.
- Dizer que está a sua disposição se ele tiver qualquer dúvida ou pergunta.

Se o cliente de Vera fosse uma pessoa de estilo Auditivo, ele poderia ter:

* Perguntado sobre a qualidade do som da TV.
* Pedido a ela que explicasse mais sobre os diferentes tipos de aparelho.
* Contado uma longa história sobre os problemas que já enfrentou com outro modelo de TV.

E Vera poderia ter:

* Perguntado como cada tipo de aparelho se "harmonizava" mais com a casa dele.
* Perguntado se determinado modelo lhe diz alguma coisa.
* Trazido a conversa de volta ao assunto principal quando o cliente começasse a falar de outra coisa.

Se o cliente de Vera fosse uma pessoa de estilo Cinestésico, ele poderia ter:

* Feito perguntas de ordem pessoal para se conectar mais com ela.
* Pedido um tempo para ver como se "sentia" com relação a cada modelo.
* Dito que entraria em contato com ela quando tivesse uma ideia melhor das diversas opções.

E Vera poderia ter:

- Perguntado se ele não achava mais confortável um modelo maior.
- Sugerido que ele se familiarizasse mais com este ou aquele modelo (reduzindo, assim, o seu número de opções).
- Dito que o deixaria sozinho para que "sentisse" melhor os diversos modelos e que retornaria em dez minutos para conversarem.

Dica de aprendizado: Eduardo Especialista propôs uma tarefa a Vera Visual. Sugere que ela mantenha, na sala dos funcionários ou atrás da caixa registradora, um quadro de referência para os quatro estilos e seus comportamentos. Em pouco tempo, ela estaria em condições de reconhecer o estilo de um cliente e calibraria sua resposta sem ter de recorrer ao guia, pois tais informações teriam se tornado automáticas. Eduardo também sugeriu que Vera Visual passasse esse guia a todos os seus colegas.

Alex Auditivo rompe o vínculo com sua namorada

Alex Auditivo sempre tem de repetir tudo para sua namorada e não entende por que ela sempre o acusa de mudar de assunto quando conversam. Ele sempre tem a impressão de ferir os sentimentos dela quando fala certas coisas e não sabe por quê.

Recentemente, os dois discutiram porque ela disse que Alex concordara em fazer algo — suas palavras exatas foram "soa como uma boa ideia para mim" — e, quando chegou a hora, ele negou e disse jamais ter concordado com aquilo. De acordo com o próprio Alex, ele estava apenas comentando como a ideia lhe soava, não concordando com ela.

Por fim, embora Alex diga o tempo todo que gosta dela, sua namorada diz que quer ser tocada e abraçada, e diz que ele não a faz se sentir especial.

Alex Auditivo: Quero lhe contar uma ideia maravilhosa que tive para um novo projeto.

Namorada: Outra ideia? O que aconteceu com a última ideia que teve? Você nunca fez nada para realizá-la.

Alex Auditivo: Acho que você não está me escutando. Quero contar tudo sobre essa ideia.

Namorada: Vá em frente. Mas sinto que você nunca se apega a nada. Fica só pulando de um lado para o outro.

Alex Auditivo: Quando ouço você falar assim, me parece que nem está aí pro que é importante pra mim.

Namorada: Eu não disse isso.

Alex sabe exatamente para quem ligar, seu amigo Eduardo Especialista. Eduardo saberá lhe dizer o que há de errado com o seu relacionamento.

Quando Alex explica os problemas que tem tido com a namorada, Eduardo afirma que algumas de suas características, clássicas do estilo Auditivo, estão atrapalhando a construção de vínculos entre os dois — principalmente porque aparentemente a namorada de Alex é uma comunicadora Cinestésica:

- Você tem muitas ideias e quer compartilhá-las, mas não se fixa em nada.
- Quando você diz que algo soa como uma boa ideia, a sua namorada acha que você está concordando com o que ela propôs. Então, quando você se recusa a fazê-lo, ela se decepciona e fica magoada.
- Sua namorada Cinestésica quer que você demonstre mais seus sentimentos, em vez de apenas dizer o que sente.
- Você pode ser muito duro, e o seu tom de voz pode ser ríspido; já ela é sensível ao modo como você se expressa, e não apenas às palavras que efetivamente usa.

Em seguida, Eduardo dá dicas para que Alex possa construir mais vínculos com a namorada no futuro:

- Quando ela fizer uma sugestão, diga "eu quero" ou "eu não quero" para evitar confusão.
- Em vez de *dizer* a ela como se sente, tente *mostrar* os seus sentimentos tocando-a e abraçando-a.
- Pergunte-lhe o que você pode fazer para deixá-la mais confortável.

Se a namorada de Alex fosse uma comunicadora de estilo Visual, ela poderia ter:

- Pedido a ele que desse o "quadro geral", em vez de aborrecê-la com todos os detalhes de sua ideia.

- Dito a ele: "Não *vejo* por que você disse que essa era uma boa ideia se não acreditava mesmo nisso. Estava só me fazendo perder tempo."

E Alex poderia ter:

- Construído vínculos dizendo como ela é bonita.

- Procurado dar explicações curtas e de um jeito doce, em vez de divagar sobre cada detalhe que lhe passa pela cabeça.

- Se esforçado para, uma vez que planejou alguma coisa, cumprir o que foi planejado e aparecer na hora combinada.

Se a namorada de Alex fosse uma comunicadora de estilo Digital, ela poderia ter:

- Perguntado que passos ele pretendia seguir para levar seu plano adiante.

- Pedido um tempo para pensar sobre o que ele sugeriu.

- Ficado preocupada imaginando o que aconteceria caso algo acontecesse de errado com o plano.

E Alex poderia ter:

- Apresentado suas ideias de forma lógica e perguntado a ela se aquilo faria sentido.

- Construído vínculos evitando interrompê-la quando ela estivesse falando.

- Perguntado, caso ela ficasse muito calada, o que mais ela gostaria de saber para decidir se a ideia era boa ou não.

Dica de aprendizado: Eduardo propõe que Alex faça uma lista das formas com as quais pode criar ou romper vínculos com sua namorada de estilo Cinestésico e que a leve sempre consigo até que tudo isso se torne automático para ele. Eduardo também lembra a Alex que quanto mais ele praticar o uso das palavras e dos comportamentos que criam conexões com comunicadores de estilo Cinestésico, menos terá que consultar sua lista.

CÉLIA CINESTÉSICA SE CONECTA COM UM COLEGA DE TRABALHO

Célia Cinestésica sente-se muito isolada porque seu colega de trabalho nunca a chama para almoçar ou tomar um café, e fica preocupada, achando que ele pode não gostar dela. Enquanto isso, seu colega está frustrado porque os projetos em que eles estão trabalhando juntos parecem levar mais tempo do que deveriam para se concluir.

Célia Cinestésica: O que você acha de almoçarmos juntos para conversar sobre o andamento do nosso projeto?
Colega: Tenho que resolver quatro ou cinco coisinhas na rua no meu horário de almoço. Sobre o que exatamente você quer conversar?
Célia Cinestésica: Ah, eu só queria mesmo conversar um pouco, trocar umas ideias.
Colega: Sinceramente, prefiro quando temos uma programação, de modo que eu possa saber sobre o que vamos conversar e quanto tempo vai demorar essa conversa. A gente pode marcar uma reunião de meia hora para as duas da tarde, quando estivermos de volta do almoço?
Célia Cinestésica: Claro. Seria muito bom também saber como vão as coisas com você.

À noite, Célia liga para Eduardo Especialista, relata a conversa que teve com o colega e confessa seus sentimentos. Eduardo diz: "Não estou surpreso de saber que você está tendo algumas dificuldades. Sei que você processa informação cinestesicamente, e o seu estilo de comunicação pode ser um desafio para pessoas que se comunicam de forma diferente." Eduardo ajuda Célia a relembrar algumas das características do comunicador de estilo Cinestésico:

- Os relacionamentos são importantes para você.
- Você gosta de socializar.
- Gosta de conversar sobre coisas pessoais sem dar muita atenção ao trabalho.
- Gosta de ter boas conexões com as pessoas.
- Gosta de conhecer melhor seus colegas de trabalho.
- Quando fala, sempre dá detalhes demais.
- Você sempre quer fazer coisas com seus colegas fora do horário de trabalho.
- Você sempre quer se encontrar com as pessoas e conversar pessoalmente.

"Não é que o seu colega não goste de você", acrescenta Eduardo, "mas meu palpite é que ele é um comunicador Visual". Eduardo sabe disso porque:

- O colega queria saber qual era a programação de Célia.
- Queria fazer uma reunião curta e que fosse direto ao ponto.
- Queria um horário limitado e específico para a tal reunião.
- Não queria misturar trabalho com atividades sociais.

Em seguida, Eduardo sugere algumas expressões e frases que Célia poderia usar no futuro para criar mais vínculos com o seu colega de estilo Visual:

- Só queria um "quadro geral" de como as coisas estão indo.
- Adoraria marcar uma reunião com você.
- Sei que está ocupado, então faremos uma reunião rápida.
- Não preciso de todos os detalhes, me dê apenas as linhas gerais.

Se o colega de trabalho fosse um comunicador de estilo Auditivo, ele poderia ter:

- Dado uma explicação longa e digressiva do motivo pelo qual não podia ir almoçar com ela.
- Interrompido Célia enquanto ela explicava por que queria almoçar com ele.
- Sido ríspido demais ao manifestar sua recusa.

E Célia poderia ter:

- Pedido a ele que lhe falasse mais sobre os projetos em que ele estava trabalhando (o que também a deixaria mais à vontade, visto que ela gosta de criar conexões pessoais).
- Se preocupado em dedicar a ele sua total atenção enquanto estivessem conversando.
- Guiado gentilmente o colega de volta aos trilhos, caso ele estivesse divagando demais.

Se o colega de trabalho fosse um comunicador de estilo Digital, ele poderia ter:

- Pedido uma série de detalhes sobre o motivo pelo qual ela queria almoçar com ele.
- Dito a ela que teria de pensar em como encaixar o almoço em sua agenda.
- Pedido a ela para apresentar um plano para a conversa.

E Célia poderia ter:

- Criado vínculos falando a ele de um projeto que, em sua opinião, ele poderia perfeitamente gerenciar.
- Garantido que confiava na avaliação dele e apoiaria o que quer que ele decidisse.
- Dado tempo para ele pensar numa resposta ao seu convite para o almoço.

Dica de aprendizado: Para ajudá-la a identificar os estilos de comunicação de seus colegas de trabalho, Eduardo Especialista pede a Célia para criar uma planilha com os nomes deles e as palavras ou expressões que mais usam, além das suas atitudes mais típicas. Sugere que Célia deixe essa planilha numa pasta sobre a mesa de trabalho, de modo que possa consultá-la facilmente até se acostumar com o estilo de cada um, o que a levará a criar bons relacionamentos com todos.

Daniel Digital ajuda a filha com o dever de casa

Daniel Digital está tentando ajudar a filha a terminar o dever de casa, mas fica muito frustrado porque ela se recusa a seguir o planejamento que ele estabeleceu.

Daniel Digital: [Desligando o rádio que estava tocando ao fundo] Você precisa seguir esse cronograma para fazer o dever de casa.

Filha: Esse método não me soa bom. Gosto de fazer um pouco disso, um pouco daquilo. O dever não precisa ser feito na ordem. [A filha liga o rádio de novo.]

Daniel Digital: É impossível você conseguir se concentrar com essa música tocando.

Filha: Eu gosto da música. Está tão baixinho, mal posso ouvi-la. Ela não me atrapalha.

Daniel Digital: [Resmungando] Isso não faz o menor sentido pra mim. Como você consegue raciocinar com esse barulho todo?

Filha: Você não está me escutando. Eu te disse que não me incomoda.

O fato de sua filha ficar pulando de uma coisa para a outra e parecer nunca terminar o que começou leva Daniel à loucura. Ele vai embora totalmente frustrado.

Mais uma vez, Daniel e a filha criaram uma negatividade naquele ambiente e a menina sente que não foi ouvida.

Naquela noite, Daniel liga para Eduardo Especialista pedindo ajuda. Pergunta o que pode fazer para que sua filha fique mais parecida com ele. Quer que ela estabeleça um método ordeiro e lógico para fazer o dever de casa. Depois que Daniel repete a conversa que eles tiveram mais cedo, palavra por palavra, Eduardo Especialista lhe diz que sua filha é uma comunicadora de estilo Auditivo e explica como chegou a essa conclusão:

- ◆ Ela gosta de manter o rádio ligado como som de fundo.

- ◆ Disse que você não a estava ouvindo.

- ◆ Tem dificuldades em se concentrar, e prefere pular de um assunto para outro.

Em seguida, Eduardo explica que, por ser um comunicador de estilo Digital, Daniel quer que sua filha faça tudo em sequência, numa ordem que pareça lógica para ele. Mas isso não vai funcionar porque o estilo dela é diferente.

Eduardo Especialista então apresenta a Daniel uma lista de perguntas que ele pode fazer à filha para ajudá-los a se comunicar melhor e construir mais vínculos na próxima vez em que ele for ajudar no dever de casa:

- ◆ Isso soa legal pra você?

- ◆ Como isso soa pra você?

- Isso te dá algum estalo?
- Quais são as suas ideias?

Se a filha de Daniel fosse uma comunicadora de estilo Visual, ela poderia ter:

- Dito que ele a estava fazendo perder tempo com toda aquela conversa.
- Respondido: "Não 'vejo' por que você precisa me dizer tudo isso."
- Dito: "Apenas me dê o quadro geral da situação e me deixe sozinha para resolver tudo."
- Dito que "mostraria" a ele tudo depois que ela tivesse terminado.

E Daniel poderia ter:

- Criado vínculos ao pedir para "ver" o que ela estava fazendo.
- Dito: "A meu ver, está muito bom."
- Dito a ela que voltaria em uma hora para "ver" como as coisas estavam indo — e voltado realmente na hora combinada.

Se a filha de Daniel fosse uma comunicadora de estilo Cinestésico, ela poderia ter:

- Dito: "Tenho uma 'intuição' boa de como resolver o dever de inglês, mas não me sinto assim tão 'confortável' com o de matemática."
- Pedido para que eles fizessem o dever juntos.
- Perguntado a ele como se "sentia" com relação ao dever de casa quando estava na escola.

E Daniel poderia ter:

* Perguntado qual a melhor forma de "ajudá-la" a fazer o dever de casa.
* Proposto que trabalhassem em equipe.
* Ajudado a filha a dividir os problemas de matemática em pequenas partes, de modo que ela não se sentisse sufocada por eles.

Dica de aprendizado: Eduardo Especialista sugere que Daniel guarde na carteira, como uma espécie de guia de bolso, uma lista de perguntas. Isso até ele ter dominado o estilo da filha, coisa que provavelmente não vai demorar muito.

PARTE V

4 MÉTODOS FÁCEIS QUE VOCÊ PODE USAR PARA MELHORAR SUAS CONEXÕES

REENQUADRANDO, ESTABELECENDO O RITMO FUTURO, INSTALANDO E FAZENDO UMA PRESSUPOSIÇÃO POSITIVA

Reenquadrando, Estabelecendo o ritmo futuro, Instalando e Fazendo uma pressuposição positiva são os 4 métodos fáceis que qualquer um pode aprender para se comunicar com mais eficácia e, portanto, criar conexões melhores em qualquer situação cotidiana.

O modo como vemos o nosso passado, presente e futuro — a forma pela qual podemos convencer os outros a verem os deles — pode fazer a diferença entre criar e romper vínculos. Quanto mais positivos formos ao ver as coisas e falar delas, mais positivas serão as nossas comunicações. Quanto mais positiva for a nossa comunicação, melhores serão as nossas conexões, e é mais provável que tenhamos uma resposta positiva.

Incorporar os métodos apresentados a seguir à sua comunicação cotidiana pode ser a garantia de uma conexão melhor com os outros em todos os aspectos da sua vida.

Reenquadrando

O que é:

Quando você reenquadra algo, está olhando para isso de um ponto de vista diferente. Reenquadrar significa mudar o ângulo de visão, de modo que o que seria visto como um cenário negativo passe a ser visto como positivo.

O que isso provoca:

Quando você muda o significado de um evento, pode transformar uma comunicação potencialmente negativa em positiva, o que significa dizer que estará criando uma conexão melhor com a outra pessoa.

Como funciona:

Ninguém quer perder tempo com uma pessoa negativa — alguém que olha para a vida da perspectiva do "copo meio vazio". Quando você reenquadra algo para si mesmo, passa a se comunicar com uma disposição mais positiva, o que o torna uma pessoa com quem as outras querem estar. Quando ajuda outras pessoas a reenquadrarem algo, você as faz se sentirem melhor a respeito de si mesmas, o que significa que elas vão querer passar mais tempo ao seu lado porque você as faz se sentirem bem. Em ambos os casos, você está construindo vínculos com outra pessoa.

Uma história real sobre reenquadramento

Dois velhos amigos que não se viam há algum tempo estão almoçando e pondo a conversa em dia. Um deles tem um emprego fixo como gerente numa firma enquanto o outro é um consultor de marketing que trabalha com contratos por projeto.

O consultor se queixa pois, embora tenha tido um "ano muito bom", está terminando os últimos projetos contratados e fica preocupado porque não sabe se terá trabalho suficiente no próximo ano.

O amigo escuta atentamente e então diz animado: "Nossa, você é muito sortudo! Tenho inveja de você!"

"Sortudo? Não acabei de dizer que não sei muito bem o que vai acontecer quando eu terminar esses últimos projetos?"

"Claro, ouvi o que você disse", responde o amigo. "Mas pense um pouco. Você foi tão bem-sucedido que de fato não precisa se preocupar com dinheiro por alguns meses. Ainda tem uma quantia a receber pelos projetos que não terminou. E, ao que parece, vai ter aí algum tempo sobrando para cuidar de si mesmo, se reorganizar e recuperar as energias. Assim vai estar novinho em folha quando surgir outro projeto."

A essa altura, o consultor está sorridente. "Sabe", diz ele, "nunca pensei nisso dessa forma. Realmente tenho trabalhado demais. Seria bom ter um tempo de folga. E todas as vezes que me vi nessa situação, apareceu alguma coisa quando eu estava precisando. Obrigado por me ajudar a ver essa questão pelo lado positivo. A gente devia se encontrar mais. Sempre me sinto bem quando estou com você."

Exemplos de reenquadramento

Problema	Reenquadramento
Está chovendo a semana toda. Que horror!	Essa chuva toda tem sido ótima para os jardins e limpou as ruas.
Ela me deixa louco com aquela quantidade de detalhes.	Não é legal ter alguém para administrar todos os detalhes? Porque certamente essa não é a minha especialidade.
O telefone tocou o dia todo no trabalho.	É legal ver que o negócio está dando certo. Dá pra perceber isso pela quantidade de ligações.
Meu telefone não parou de tocar desde que cheguei em casa.	Adoro ver que tenho um círculo de amigos tão grande.

Estabelecendo o ritmo futuro

O que é:

Estabelecer o ritmo futuro é uma forma de se comunicar com outra pessoa de modo que qualquer coisa que ela possa estar antecipando como uma experiência negativa possa se transformar em positiva.

O que isso provoca:

Quando cria uma oportunidade para que outra pessoa veja o futuro de uma forma mais positiva, você se torna efetivamente o portador de boas-novas. Isso permitirá que a pessoa com quem você está se comunicando veja não apenas a si mesma mas também a você de uma forma mais positiva porque será mais otimista.

Como funciona:

Estabelecer o ritmo futuro "leva" a pessoa com quem você está se comunicando para um futuro com expectativas positivas. É um método especialmente eficaz quando você está fazendo uma sugestão ou dando uma instrução em relação à qual você acha que a outra pessoa se mostrará resistente. Se ela for levada a esperar um resultado positivo, a resistência será atenuada e a sua comunicação será muito mais prontamente aceita.

Uma história real sobre estabelecer o ritmo futuro

Um garoto chega da escola temendo ter de encarar o dever de casa. E repete: "Meu dever de casa vai ser difícil. Não vou conseguir fazer." A mãe lhe pergunta: "Como você pode saber se ainda nem começou?" O menino explica que quando a professora passou o dever, ela alertou a turma: "Não esperem para fazer o dever de casa no domingo. Façam no sábado. É uma tarefa difícil e a última turma não se saiu muito bem, então se planejem para dedicar um bom tempo e trabalhar duro, pois será necessário."

A mãe do garoto imediatamente compreendeu que a professora havia influenciado seu filho de uma forma negativa levando-o a esperar ter dificuldades para realizar o dever de casa.

Ela também compreendeu que provavelmente o dever não era tão difícil quanto o filho imaginava e que ela poderia facilmente influenciá-lo a mudar suas expectativas e torná-las mais positivas. Ela disse ao menino: "Pra mim você vai resolver essa tarefa com muita facilidade. Você é bom em assimilar novas informações e em lembrar o que aprendeu. Meu palpite é que logo, logo você vai ter terminado o dever e vai aparecer aqui dizendo que foi facílimo."

É claro que o garoto abriu o maior sorriso e foi começar o dever de casa. Pouco tempo depois, voltou radiante. "Puxa", disse ele, "você tinha razão, mãe. Da próxima vez que alguém tentar me convencer que não posso fazer algo, vou lembrar do que você disse sobre a minha capacidade de assimilar novas informações e vou dizer a mim mesmo que você tinha razão".

Exemplos de estabelecimento do ritmo futuro

Você está prestes a entrar na cidade mais hospitaleira da Região dos Lagos!

Você está prestes a experimentar o melhor cachorro-quente do mundo!

Somos conhecidos pela eficiência do nosso trabalho!

Você pode encontrar alguma lentidão no trânsito. Desculpe o transtorno: estamos fazendo obras para melhorar a estrada.

INSTALANDO

O que é:

Fazer uma sugestão intencional para convencer uma pessoa de algo sem que ela perceba o que você está fazendo.

O que isso provoca:

Instalar uma sugestão na cabeça de uma pessoa é uma forma de criar uma conexão inconsciente com ela e aumentar as suas chances de obter a resposta desejada.

Como funciona:

A instalação funciona no nível da comunicação subliminar. Digamos, por exemplo, que estou num programa de rádio e o apresentador me faz uma pergunta. Posso responder: "Sabe, essa é uma das perguntas que as pessoas que frequentam meus cursos mais fazem." Ao dizer isso, instalei nas mentes dos ouvintes do programa a ideia de que eles, também, podem querer frequentar um dos meus cursos, embora talvez nunca tenham pensado nisso antes — ou talvez nunca tenham sabido que ofereço cursos.

Uma história real sobre Instalação

Numa reunião de negócios para ampliar as redes de contatos, uma especialista em recursos humanos está conversando com as pessoas ali presentes, tomando cuidado, porém, para não parecer que está ali somente para se inteirar dos negócios de cada um.

Das quatro pessoas sentadas àquela mesa, três são microempresários que estão vivenciando certo grau de estresse e se sentindo um pouco angustiados ao tentar equilibrar negócios e vida familiar. A especialista, que realmente quer ajudar, pergunta se pode lhes contar uma história sobre um cliente seu com um problema parecido. Ela explica que lhe ensinou uma estratégia para lidar com a situação e diz que os resultados positivos foram imediatos. Acrescenta ainda que agora, quando encontra esse cliente uma vez por semana, ele sempre repete que aquela estratégia mudou sua vida.

Enquanto ela dá os detalhes da tal estratégia, três das quatro pessoas escutam atentamente fazendo anotações. É evidente que elas estão interessadas na possibilidade de adotá-la.

Ao lhes contar como ajudou seu cliente, a especialista em RH está, na verdade, instalando (ou sugerindo) a ideia de que aquelas pessoas também poderiam tirar proveito das suas instruções. Ao final da reunião, um dos empresários afirma que está interessado em trabalhar com ela e lhe pede para descrever como funcionaria uma de suas sessões.

Ao ser generosa a respeito de suas informações e estratégias, a especialista atraiu novos clientes de forma bem-sucedida, sem ter de vender diretamente o seu trabalho ou convencer alguém a contratá-la.

Exemplos de instalação negativa e positiva

Instalação negativa	Instalação positiva
Não vá tropeçar, hein? Cuidado para não se queimar. Chão molhado e escorregadio. É proibido pular da ponte.	Na nossa pesquisa, queremos vê-lo marcar em todos os campos de avaliação Extremamente Satisfeito. Muitas pessoas entram no meu site diariamente. Como milhares de pessoas, você vai elogiar as nossas sobremesas premiadas.

Fazendo uma Pressuposição Positiva

O que é:

Ter uma pressuposição positiva a respeito de algo significa presumir que isso é possível ou que vai acontecer.

O que isso provoca:

Se você introduz uma pressuposição positiva numa pergunta ou em outra comunicação, é muito mais provável que receba a resposta que deseja.

Como funciona:

Para criar uma conexão com outra pessoa, você precisa ter diálogo com ela. Introduzir uma pressuposição positiva numa pergunta ou sugestão aumenta a probabilidade de que a outra pessoa responda a sua comunicação de modo a abrir caminhos para um diálogo mais longo — o que significa que você estará criando uma conexão.

Uma história real sobre Pressuposição

Uma nova professora do ensino médio começou o ano cheia de entusiasmo pelo trabalho. Decidiu que se tornaria um daqueles professores que inspiram os alunos e fazem a diferença em suas vidas. Ela ficou surpresa, contudo, ao tentar motivar seus alunos adolescentes a participar da aula fazendo perguntas como:

Alguém tem alguma dúvida?

Algum comentário?

Ficou claro para vocês?

Alguém sabe a resposta?

Isso faz sentido para vocês?

Todas as suas perguntas bem-intencionadas produziram a mesma reação — olhares inexpressivos e silêncio. Frustrada e desapontada, ela conversou com um professor querido por todos, que tinha fama de ser muito eficiente ao conquistar os alunos para participarem das aulas. Ao ouvir o problema de sua nova colega, o experiente professor perguntou: "Você acredita que há alunos na sua turma que querem participar e que sabem a resposta quando você faz uma pergunta?"

"Claro! Sei que há alunos que desejam participar", respondeu ela.

Seu colega se ofereceu, então, para ajudá-la a reformular aquelas perguntas de modo que sempre ficasse claro que ela presumia que alguém queria responder e/ou sabia a resposta. Aqui estão as reformulações que ele lhe sugeriu:

Quem gostaria de tentar primeiro? (Pressupondo que alguém quer tentar responder primeiro.)

Aposto que tem gente aí querendo perguntar alguma coisa. Quem? (Pressupondo que alguns têm perguntas e dúvidas.)

Quem tem um comentário a fazer? (Pressupondo que alguém quer comentar algo.)

Quem gostaria de ser o próximo? (Pressupondo que alguém quer ser o próximo.)

Assim que começou a usar essas novas perguntas, a professora percebeu que o uso de pressuposições positivas estava produzindo os resultados que ela desejava alcançar. Seus alunos agora participam e foi aberto um canal de diálogo na sala de aula.

Exemplos de Pressuposições

Exemplo	Pressuposição
Aprenda como adestrar seu cãozinho em três dias para fazer as necessidades fora de casa.	É possível fazer isso em três dias.
Aprenda como atrair internautas para o seu website com os seus artigos.	É possível que artigos atraiam pessoas para visitarem seu website.
Quem gostaria de ser o próximo?	Presume que alguém quer ser o próximo.
Quem gostaria de ser o primeiro?	Presume que alguém quer ser o primeiro.
Quem ainda não falou e gostaria de fazer um comentário?	Presume que alguém que ainda não falou quer expor seu comentário.
Digam o que vocês mais gostam a respeito dessa aula.	Presume que alguém gosta de algo dessa aula.
Vamos jantar depois que você levar o lixo para fora.	Pressupõe que alguém levará o lixo para fora.
No seu entusiasmo de compartilhar meu livro com outras pessoas...	Pressupõe que o ouvinte está entusiasmado e vai compartilhá-lo.

PARTE VI

FAZENDO CONEXÕES EM TODOS OS ASPECTOS DA SUA VIDA

Criando conexões positivas

Em casa e no trabalho, na escola e em nossa comunidade, passamos a maior parte do tempo nos relacionando com muitas pessoas diferentes que têm estilos diferentes de comunicação. Quanto mais conexões positivas criarmos com todas essas pessoas, mais felizes e bem-sucedidos seremos em todas as áreas da nossa vida.

Nas páginas seguintes você aprenderá como criar e manter vínculos com cada um dos quatro diferentes estilos de comunicação em sete dos tipos mais comuns de relacionamento:

- Cônjuges e companheiros
- Pais e filhos
- Instrutores, consultores e seus clientes
- Professores e seus alunos
- Supervisores e suas equipes
- Vendedores e seus clientes
- Donos de websites e seus visitantes

Em muitos desses relacionamentos, há momentos em que você percebe que está se comunicando com um grupo de pessoas que sem dúvida alguma têm estilos diferentes. Estando consciente dos estilos dessas pessoas e dos métodos de comunicação que agradam cada uma, você será capaz de se conectar melhor com todas elas.

Você deve lembrar que no início deste livro eu disse que incorporaria a ele uma variedade de técnicas — do uso de espaço em branco, passando por ilustrações, folhas de exercício e estudos de caso — destinadas a agradar diferentes estilos de leitores. Você pode fazer o mesmo ao tentar criar vínculos com um grupo. Por exemplo, pode perguntar: "Vocês veem aonde quero chegar? Isso diz algo a vocês? Como vocês se sentem com relação a isso? Isso faz sentido para vocês?" Embora o grupo não vá perceber, você estará assim fazendo a mesma pergunta de quatro formas diferentes, para que pessoas de estilos diferentes possam respondê-la.

À medida que se torna mais consciente das palavras e expressões que cada estilo usa e gosta de ouvir, assim como dos outros gostos e preferências de cada um deles, criar esse tipo de vínculo com um grupo será algo que você fará automaticamente.

Cônjuges e parceiros

Já que existem 4 tipos de comunicadores, há 75% de chance de que você e o seu cônjuge ou companheiro tenham estilos de comunicação diferentes. Quanto maior for a sua capacidade de identificar o estilo do outro e ajustar sua comunicação à dele — e vice-versa —, mais capazes vocês serão de manifestar o seu afeto e a sua gratidão e ambos terão condições de dar mais valor a isso.

Use o teste de autoavaliação dos estilos de comunicação

Depois que tiver feito o teste e determinado o seu próprio estilo de comunicação, peça ao seu companheiro ou cônjuge para fazer isso também. (Ou vocês podem fazer o teste ao mesmo tempo.) Explique que o objetivo é que cada um de vocês entenda melhor o outro de modo a aprimorar o vínculo que já existe entre vocês.

Dica para tirar mais proveito do teste

Vocês podem se divertir muito aprendendo e compartilhando essas informações — podendo mesmo brincar um com o outro sobre o seu estilo de comunicação para comprovar e mostrar o que aprenderam.

Mantenha os resultados expostos em algum lugar onde ambos possam vê-los sempre, para que lembrem o tempo todo como a outra pessoa prefere se comunicar.

COMO CADA ESTILO GOSTA DE DEMONSTRAR AFETO

Visual	Dando presentes.
Auditivo	Dizendo aos outros como se sentem em relação e eles.
Cinestésico	Tocando as outras pessoas.
Digital	Ajudando e fazendo coisas pelos outros.

COMO CADA ESTILO GOSTA DE RECEBER AFETO

Visual	Recebendo presentes.
Auditivo	Ouvindo os outros dizerem como se sentem em relação a eles.
Cinestésico	Sendo tocados pelas outras pessoas.
Digital	Vendo os outros fazerem coisas por eles (exemplo: ganhando uma massagem).

COMO DEMONSTRAR A CADA ESTILO APREÇO E GRATIDÃO

Visual	Dar um presente. Dar dinheiro.
Auditivo	Dizer muito obrigado.
Cinestésico	Escrever um cartão de agradecimento.
Digital	Oferecer ajuda.

COMO APRESENTAR IDEIAS
E INFORMAÇÕES PARA CADA ESTILO

Visual	Seja conciso. Apresente um quadro geral da ideia (com poucos detalhes). "Pinte" um quadro geral com palavras. Vá direto ao ponto. Pergunte a eles se algo lhes "parece" bom.
Auditivo	Vá ao ponto da questão (não há problema em ser brusco). Apresente-a como uma "ideia". Esteja preparado para ter uma conversa sobre isso e ouvir as ideias deles. Esteja preparado porque eles podem querer "melhorar" ou acrescentar pontos à sua ideia. Pergunte a eles se aquilo "soa" como uma boa ideia.
Cinestésico	Identifique o momento correto para apresentar a ideia. Torne-a divertida e alegre para eles. Pergunte se a "sentem" como uma boa ideia.
Digital	Apresente suas ideias como uma aventura para eles. Dê muitos detalhes e opções. Apresente um leque de opções. Saiba que é preciso dar um tempo para que eles processem e pensem sobre ele. Pergunte-lhes o que "pensam" sobre aquela ideia.

O QUE ESPERAR DE CADA ESTILO QUANDO
PEDIMOS QUE TOMEM UMA DECISÃO

Visual	Geralmente toma decisões de forma rápida. Não precisa de muitos detalhes.
Auditivo	Podem fazer uma série de perguntas e em seguida tomarão uma decisão rápida.
Cinestésico	Dê tempo para que "assimilem a questão". Apresente-a de forma simples, sem muitas opções.
Digital	Dê a eles tempo para processar (às vezes até de um dia para o outro). Podem ficar calados quando estão pensando sobre a decisão a ser tomada.

Pais e filhos

Se você é pai ou mãe, sabe como pode ser difícil se comunicar e se conectar mesmo com um único filho. Esse problema pode se tornar mais complexo se você está tentando se conectar com dois ou mais filhos cujos estilos de comunicação podem ser diferentes entre si e também do seu próprio. E por fim, se o seu estilo de comunicação é diferente do de seu cônjuge ou companheiro, cada um de vocês terá que fazer diferentes ajustes para criar vínculos com os seus filhos.

Talvez você tenha percebido que um dos seus filhos sempre arruma direitinho o quarto quando você pede, enquanto o outro parece nunca se lembrar de levar o lixo para fora, não importa quantas vezes você o lembre disso. Ou talvez você se recorde de que quando Sofia tinha apenas seis anos, bastava você pedir que ela "por favor guardasse todas as partes do quebra-cabeça na caixa, fosse lavar as mãos e viesse almoçar" para que ela prontamente atendesse. Agora que Marcelo tem a mesma idade, e depois de receber as mesmas instruções, ele ou demora tanto que você se pergunta o que pode estar fazendo ou implora para que você o "ajude" ou faça o que tem de ser feito "com" ele. Se essa situação soa familiar, Sofia é provavelmente uma comunicadora de estilo Digital, enquanto Marcelo é um comunicador Cinestésico.

Depois que você aprender a "falar a língua deles", a sua comunicação com filhos de diferentes estilos ficará muito mais fácil, e a sua conexão com eles melhorará quase imediatamente.

USE O TESTE DE AUTOAVALIAÇÃO DOS ESTILOS DE COMUNICAÇÃO

Conhecer o seu próprio estilo lhe permitirá se automonitorar e calibrar as suas comunicações para que combinem melhor com as de seu(s) filho(s).

Se eles têm idade suficiente para entender e fazer o teste, peça que o façam. As crianças acharão divertido aprender sobre o próprio estilo de comunicação e ver como ele combina ou difere do seu. Elas podem também começar a calibrar as próprias comunicações para combinar com o estilo dos pais. Para facilitar esse processo, você deve "plantar" a ideia de que a conexão é uma via de mão dupla.

Se os seus filhos ainda não são capazes de fazer o teste, ponha-se no lugar deles e responda as perguntas como acham que eles fariam. Quanto melhor for a sua compreensão do estilo de cada um deles, mais chances você terá de dar respostas precisas. Você pode até lhes perguntar se concordam com suas respostas.

Se você tem mais de um filho, compreender todos os estilos deles o permitirá projetar e aplicar os métodos de comunicação que criam a melhor conexão e o vínculo ideal com cada um. E, de quebra, terá então as ferramentas para também ajudar filhos de estilos diferentes a se conectarem melhor entre si — assim, eles se entenderão melhor uns com os outros.

Dica para tirar mais proveito do teste

Ponha os resultados do seu teste e também os de seus filhos na porta da geladeira, do armário da cozinha ou no espelho do banheiro. Junto, você pode também pôr uma lista das palavras mais usadas por cada estilo como um lembrete para calibrar suas comunicações.

PALAVRAS QUE AJUDARÃO VOCÊ A COMBINAR SEU ESTILO DE COMUNICAÇÃO COM O DE SEU FILHO

Visual	Ver, olhar, imaginar, aparecer, visualizar, quadro
Auditivo	Ouvir, soar, contar, harmonizar, ideia
Cinestésico	Sentir, tocar, conectar, juntos, confortável
Digital	Perceber, considerar, detalhar, saber, descrever, calcular, processar, lógica

COMO CONSTRUIR VÍNCULOS DE ACORDO COM O ESTILO DE CADA FILHO

Visual	Não dê a eles muitos detalhes. Diga quanto tempo têm para desempenhar uma tarefa. Diga-lhes com antecedência quando algo deve acontecer. Cole em lugar visível listas que eles possam consultar; experimente usar lápis de cores diferentes para isso.
Auditivo	Dê a eles instruções passo a passo. Pergunte se o "ouviram". Pergunte se têm alguma ideia de como fazer isso da "melhor" forma. Lembre que tarefas longas vão acabar tirando sua concentração fazendo-os querer passar a outra atividade.
Cinestésico	Não dê a eles muitas opções. Tente apresentar as tarefas de um modo divertido. Pergunte se se sentem à vontade com o que você propôs. Pergunte como pode ajudá-los a desempenhar uma tarefa. Dê muitos abraços neles.
Digital	Peça para fazerem algo em vez de mandar. Quando pedir para fazerem algo, explique o motivo. Mostre que confia neles; não fique o tempo todo conferindo se estão fazendo o que devem. Dê a eles tempo suficiente para concluir a tarefa; não os apresse.

Instrutores, consultores e clientes

Para ser um instrutor ou consultor bem-sucedido você precisa recolher informações dos seus clientes. Às vezes, precisa fazer perguntas delicadas e pessoais para descobrir as necessidades deles e/ou as questões que eles querem abordar. Se o seu estilo de comunicação não combina com o do seu cliente, é mais provável que você rompa os vínculos porque ele não se sente ouvido ou acredita que está sendo mal entendido. Quando isso acontece, é provável que ele deixe de ser seu cliente.

Portanto, para ser um consultor ou instrutor eficiente, é importante que você saiba como se conectar rapidamente com os quatro estilos de comunicação, de modo que possa construir vínculos com os seus clientes.

Use o teste de autoavaliação dos estilos de comunicação

Você pode incorporar o teste à sua entrevista inicial com os novos clientes.

Mais tarde, quando o vínculo tiver sido construído e se julgar apropriado, você pode debater os resultados com o seu cliente como uma forma de explicar por que ele se conecta melhor com algumas pessoas e não com outras. Isso pode ajudá-lo a ampliar sua autoconsciência.

Dica para tirar mais proveito do teste

Inclua o estilo de comunicação de cada cliente em sua respectiva pasta de arquivos para se lembrar sempre do melhor modo de se comunicar com ele durante as suas reuniões. Você também pode incluir:

- Perguntas com as quais o cliente se identificará e às quais responderá facilmente.

- A melhor forma de ajudar ou aconselhar de acordo com o estilo dele.

Você pode usar as seguintes listas como guia:

PERGUNTAS QUE VÃO FAZER COM QUE SEU CLIENTE SE SINTA MOTIVADO

Visual	Você se vê fazendo isso no futuro? Era mais ou menos essa a imagem que você tinha na cabeça? Você tem clareza quanto ao rumo que pretende tomar? Como visualiza seus próximos passos?
Auditivo	Que ideias você tem sobre os seus objetivos? O que eu disse soa bem para você? Como você pode melhorar a sua ideia? Qualquer pergunta do tipo "E se..."
Cinestésico	O que podemos fazer juntos para continuar avançando? Qual dos dois você prefere, A ou B? Como posso ajudá-lo da melhor forma possível? Isso se encaixa no que você queria?
Digital	O que pensa desse plano? Essa proposta faz sentido para você? Quais seriam seus próximos passos? Do que você mais gostou nessa reunião?

QUAL A MELHOR FORMA DE AJUDAR E ACONSELHAR CADA ESTILO DE COMUNICAÇÃO

Você obterá respostas e resultados mais rápidos quando tiver a capacidade de instruir ou aconselhar o seu cliente de um modo que combine com o estilo de comunicação dele. Eis algumas dicas e estratégias que você pode usar para ajudar seu cliente, sem esquecer que manter o vínculo e a conexão trará os resultados que ambos desejam:

Visual	São pessoas que têm uma boa visão de quadro geral. Ajude-as procurando uma equipe para apoiá-las nos detalhes. Marque reuniões curtas e siga estritamente as regras acordadas quanto aos horários. Peça-lhes um resumo do que elas tiverem feito desde a última reunião. Elas provavelmente virão preparadas com uma lista de realizações e marcarão tudo que já tiver sido feito. Elas tendem a saber de antemão o seu objetivo.
Auditivo	São solucionadores de problemas e pessoas de ideias, o que significa que podem continuar trazendo novas abordagens para o mesmo problema ou pular de um projeto para outro sem parar. Escute as NOVAS ideias e histórias que têm para contar. Caso contrário, eles podem se retrair e ficar calados. Ajude-os a se manter no trilho e concentrados no projeto atual. Diga-lhes que não há problema em ter muitos projetos — mas que é neste que vocês estão trabalhando agora. Confirme que você ouviu o que eles tinham a dizer. Caso contrário, eles tenderão a ficar se repetindo.

Cinestésico	Esse grupo geralmente prefere consultorias individuais. A conexão é importante para eles. Reserve algum tempo para conversas pessoais no início da reunião e fale um pouco de você também. Essas pessoas geralmente demoram a tomar decisões e muitas vezes têm dificuldade em fazer isso. Dê a elas o mínimo de opções possível; caso contrário podem se sentir sufocadas. Se tiverem uma tarefa ou exercício para realizar, provavelmente vão querer fazê-lo com você ou com outra pessoa. Estimule-as a encontrar um parceiro com quem possam trabalhar para concluir essas tarefas. Sempre que possível, tente incorporar alguma "diversão" às suas reuniões.
Digital	Esses clientes podem parecer que já "sabem de tudo" — e geralmente sabem mesmo. Dê-lhes tempo para preparar sua sequência de tarefas e projetos futuros. São pessoas que amam ordem, processos e estrutura. Estimule-as a preparar um plano passo a passo que funcione para elas. Evite dizer-lhes diretamente o que fazer.

A LEI DA CONEXÃO

PROFESSORES E ALUNOS

Se você é professor, deve estar cansado de ouvir os alunos reclamarem que estão entediados ou que simplesmente não estão "entendendo a matéria". O desafio de todo professor é agradar alunos de todos os estilos de comunicação. O estilo de comunicação determina como cada um deles prefere receber e processar informação — em outras palavras, como aprende. Quanto mais você conhecer a forma pela qual cada estilo gosta de aprender, mais capaz será de estabelecer conexões com seus alunos, e assim motivar a turma inteira. Alunos motivados aprendem melhor e gravam mais a matéria aprendida.

USE O TESTE DE AUTOAVALIAÇÃO DOS ESTILOS DE COMUNICAÇÃO

Se possível, será extremamente útil que todos os seus alunos façam o teste. Você pode lhes explicar que as informações ali contidas vão ajudá-lo a se conectar melhor com cada um deles para que todos tenham uma experiência mais produtiva e completa em sala de aula.

Dica para tirar mais proveito do teste

Depois que todos tiverem feito o teste, anote o estilo de cada aluno ao lado do nome dele na lista de chamada.

Características dos estilos de comunicação que você deve ter sempre em mente

Se os seus alunos não puderem fazer o teste de autoavaliação (se, por exemplo, forem muito pequenos), você pode determinar o estilo de cada um por sua própria conta considerando as seguintes características:

Visual	Gostam de ver diagramas e figuras. Tendem a sentar-se na frente da sala para poder ver tudo (quando sentam atrás, podem se distrair muito facilmente). Responderão a muitas das perguntas com rapidez.
Auditivo	Gostam de ouvir e contar histórias. Tendem a não tomar notas porque se lembram do que ouviram. Podem dar respostas longas e detalhadas e adoram ouvir a si próprios falando. Tendem a fazer muitas perguntas boas.
Cinestésico	Aprendem melhor com experiências que envolvam o tato. Gostam de estar cercados de todos os confortos de casa: almofadas, suéter, muitas canetas e papel para tomar notas. Trabalham bem em grupos e equipes.
Digital	Gostam de perguntas que os façam pensar. Geralmente sentam-se no fundo da sala e tendem a não participar da aula a não ser quando lhe fazem perguntas, tais como: "O que você pensa disso?" ou "Quais são as suas ideias?" Precisam de tempo para processar respostas e algumas vezes têm respostas brilhantes — no dia SEGUINTE.

Técnicas de ensino que estimulam cada estilo

Entender o modo como cada estilo prefere receber e processar informações permitirá que você projete e empregue uma variedade de técnicas de ensino que se adaptarão e agradarão a todos os tipos de alunos.

Do que cada estilo gosta

Visual	Fazer listas. Responder as perguntas em voz alta. Exercícios de lacunas Tomar notas Usar canetas coloridas e marcadores
Auditivo	Dinâmicas de grupo Contar histórias Inventar formas melhores de fazer as coisas Usar músicas ou instrumentos Realizar debates em grupos
Cinestésico	Ter experiências que envolvam o tato Trabalhar com um colega Ser criativo e se divertir Usar folhas de exercício e testes de avaliação
Digital	Classificar novos conteúdos Utilizar tabelas Compilar e analisar dados e estatísticas Usar folhas de exercício

Do que cada estilo não gosta

Visual	Memorizar coisas Preferem trabalhar a fazer atividades lúdicas Assistir a palestras Compartilhar coisas pessoais Trabalhar em grupos
Auditivo	Ficar em silêncio Não ter a oportunidade de falar e/ou responder perguntas Fazer anotações
Cinestésico	Não ter tempo para se divertir Não ter tempo para se conectar com outros Quando lhes pedem para fazer algo mais depressa Quando as coisas terminam de modo abrupto
Digital	Tarefas escritas muito longas Serem interrompidos no meio de uma sequência Programações ou aulas incompletas Quando lhes pedem para fazer algo mais depressa Que lhes digam o que devem fazer

SUPERVISORES E EQUIPE

Sendo um supervisor ou gerente, você precisa se comunicar não apenas com a sua equipe como um grupo, mas também com cada membro dela separadamente. Basta que apenas uma pessoa se sinta insatisfeita na equipe para estragar o clima ou a energia de todo o ambiente de trabalho. Empregados esperam que seu supervisor os ajude e apoie. Um empregado que sente que não foi compreendido ou que não foi ouvido espalhará a sua negatividade por todo o grupo.

Saber como identificar e se comunicar com os quatro estilos de comunicação é importante por uma série de motivos.

Na qualidade de supervisor, você deseja ser capaz de unir uma equipe que inclua os quatro estilos. Por quê? Porque se todos os membros da equipe fossem do estilo Visual eles falariam apenas sobre o "quadro geral" e nunca abordariam os detalhes ou o processo. Se todos os membros do grupo fossem do estilo Auditivo, ficariam o tempo todo "falando sobre o que quer que fosse", pulando de uma boa ideia para outra e nunca conseguindo implementar nenhuma delas. Uma equipe inteiramente Cinestésica passaria todo o tempo se conectando e se divertindo. E se fosse toda Digital? Passaria tanto tempo organizando e fazendo listas que o projeto era capaz de nunca decolar.

Uma vez que tenha conseguido reunir a sua equipe, você precisa se comunicar efetivamente com todos, o que significa calibrar a sua abordagem para que se encaixe com o estilo individual de cada um deles.

Para trabalhar juntos, os vários membros da equipe precisam ser capazes de se comunicar efetivamente uns com os outros e também com você, o supervisor de todos eles.

Quando se dirigir ao grupo como um todo, você precisa ser capaz de incorporar todos os quatro estilos de comunicação para assegurar que está se conectando com todos os membros da sua equipe.

USE O TESTE DE AUTOAVALIAÇÃO DOS ESTILOS DE COMUNICAÇÃO

- Peça a cada membro da sua equipe para fazer o teste que determinará o estilo de comunicação dele.
- Faça com que os membros da equipe comentem seus resultados uns com os outros.
- Dê a cada membro da equipe uma lista das palavras mais comumente usadas por cada um dos estilos (ou ponha essa lista num lugar a que todos possam ter acesso).
- Tente atribuir a cada indivíduo tarefas que sejam adequadas ao estilo de comunicação particular de cada um. Idealmente, a cada estilo deve ser atribuída uma tarefa que o deixe à vontade (veja a tabela a seguir).

ADEQUANDO A TAREFA AO ESTILO DE CADA MEMBRO DA EQUIPE

Quando um empregado é solicitado a realizar uma tarefa que não combina naturalmente com o seu estilo, é possível que ele não a termine ou que o resultado não seja tão bom quanto deveria ser. Adiamentos, desculpas para não finalizar as tarefas, ou empregados desinteressados tornam mais lento o progresso e a produtividade do ambiente de trabalho. Quando você designa a tarefa correta para o estilo de comunicação correto, o resultado é uma equipe com alto desempenho, bem-conectada e eficaz.

Eis algumas sugestões para os tipos de tarefas que se adequam melhor a cada estilo de comunicação:

Visual	Construir uma visão do quadro geral. Coordenar reuniões eficientes. Usar power point nas reuniões. Cuidar para que as reuniões aconteçam dentro do horário planejado.
Auditivo	Liderar. Trazer ideias por meio de dinâmicas de grupo. Melhorar o processo. Cuidar para que tudo corra de forma justa. Encontrar as palavras que melhor descrevam um projeto.
Cinestésico	Montar a equipe. Criar conexões entre os membros da equipe por meio de jogos e exercícios. Organizar reuniões da equipe. Tomar notas durante as reuniões. Cuidar dos detalhes.
Digital	Planejar os passos e a sequência dos eventos. Fazer as perguntas analíticas do tipo "e se". Trazer lógica e ordem para o gerenciamento do tempo.

COMUNICANDO-SE COM A SUA EQUIPE COMO UM TODO

A maioria das pessoas detesta reuniões de equipe porque acha que elas são uma perda de tempo total. Mas algumas vezes é importante se comunicar com a sua equipe inteira de uma só vez ou juntar todos para tomar uma decisão. Se você se adaptar e calibrar a sua comunicação de acordo com os vários estilos dos membros da sua equipe, pode ter certeza de que as suas reuniões serão mais produtivas e menos penosas para todos — inclusive para você mesmo.

Visual	Apreciam a existência de uma programação porque valorizam muito o tempo. Gostam de saber a que horas a reunião vai começar e especialmente quando vai terminar. Preferem reuniões curtas (menos de uma hora de duração). Perdem a concentração e param de prestar atenção mais rapidamente que os outros. Para prender a sua atenção, atribua a eles tarefas como fazer as observações iniciais, os anúncios especiais ou reunir informações que permitam avaliar a própria reunião.
Auditivo	Informar a eles quais assuntos serão discutidos (e quais não serão abordados) vai mantê-los interessados. São mais participativos quando podem expressar sua opinião ou contribuir com ideias próprias. Costumam se sair bem quando lhes é dado um papel de liderança.
Cinestésico	Gostam de conhecer a programação com antecedência para que possam se "sentir confortáveis" com o que está por vir. Costumam se sair melhor num ambiente limpo, bem-iluminado e com a temperatura agradável. São muito eficientes quando fazem anotações, pois isso os mantém concentrados e lhes permite se incluir na reunião e no projeto.
Digital	Gostam de usar uma programação para acompanhar a sequência dos eventos e garantir que tudo seja devidamente abordado. Gostam de ser solicitados a compartilhar suas opiniões; não se manifestam voluntariamente. Farão provavelmente as perguntas difíceis, mas às vezes necessárias, para assegurar que todos os passos e processos funcionem.

Vendedores e clientes

Qualquer um que já perdeu uma venda potencial sabe como é horrível a sensação de perder o vínculo com um cliente. Uma vez que a conexão se rompe, é muito pouco provável que a venda seja realizada.

Um dos modos mais eficazes de criar vínculos com um cliente é fazer perguntas que o estimulem a revelar as suas necessidades. Para tal, o vendedor tem de fazer essas perguntas de uma forma se adéque ao estilo de comunicação do cliente.

Use o teste de autoavaliação dos estilos de comunicação

O primeiro passo para se tornar capaz de se adequar ao estilo de outra pessoa é ter consciência do seu próprio estilo. Para isso, você precisa fazer o Teste de Autoavaliação. Depois que souber qual é o seu estilo, você pode ler sobre os outros três e assim ser capaz de perceber as pistas que revelam de que forma o seu cliente prefere receber e processar informação. Com isso, poderá ajustar as suas perguntas de acordo com essa preferência.

Dica para tirar mais proveito do teste

Faça uma lista das características e das palavras mais usadas por cada estilo de comunicação e guarde cópias dessa lista atrás do balcão de vendas e próximo ao telefone como um lembrete para fazer as perguntas que se adequem a cada estilo.

Como cada estilo de comunicação tende a fazer compras

Além de prestar atenção às palavras escolhidas pelo cliente, há também algumas características comuns que você pode observar para descobrir qual o estilo dele:

Visual	Tende a tomar decisões rapidamente. Geralmente dispensa os detalhes. Gosta de "olhar cada coisa". É influenciado pela "aparência" do produto.
Auditivo	Gosta de contar a sua história, dizer por que precisa de tal produto, o que pretende fazer com ele etc. Gosta de novos objetos e invenções; qualidade é um fator-chave. Faz muitas boas perguntas. Pode expressar seu interesse usando sons como "ooh, ahhh, hmmm".
Cinestésico	Precisa ter uma experiência agradável. O ambiente de compras precisa transmitir uma boa "vibração". Gosta de tocar, sentir e segurar o produto. Com certeza gostaria de provar o produto para saber se ele "fica bem". Gosta de ganhar uma "amostra". Precisa de tempo para desenvolver um sentimento "visceral" com o produto e garantir que é exatamente o que quer. Gosta de tomar a decisão por si mesmo.
Digital	Fará perguntas detalhadas. Deseja conhecer os fatos, as estatísticas, os relatórios, os manuais etc. Precisa de tempo para processar toda a informação e prefere não comprar sem antes realizar uma análise profunda. Precisa de tempo para refletir várias vezes sobre o assunto. Precisa construir uma relação de confiança com o vendedor.

FORMAS EFICAZES DE SE DIRIGIR A CADA ESTILO DE COMUNICAÇÃO

Visual	Era um modelo assim que você tinha em mente? Você consegue se ver usando isso? Era isso o que você imaginava? Vai levar só um ou dois minutos; será rápido. Você gosta desse visual? É esse o visual que você quer? Quando vir algo e gostar, é só me avisar.
Auditivo	Estarei por aqui quando quiser me fazer qualquer pergunta. Isso bate com o que você estava querendo? Isso lhe diz alguma coisa? O que você tem em mente? Quais são as suas ideias sobre isso?
Cinestésico	Você sente que isso combina com você? Essa roupa faz você se sentir bem? Você está confortável com isso? Esse é um bom modelo para você? Quer pegar o produto? Fique à vontade.
Digital	Você precisa de alguma outra informação para ajudá-lo a decidir? O que mais você precisa saber? Isso faz sentido? Esse é o melhor para você? Esse produto tem todos os recursos de que você precisa? Quais são as suas opiniões sobre esse?

Donos de websites e visitantes

Para atrair a atenção de um internauta e ter mais chances de que ele retorne ao seu site, você precisa satisfazer ao seu estilo de comunicação. Se ao checar os números de acesso ao seu site você descobre que a maioria dos visitantes fica menos de dois minutos navegando nele, é provável que você não tenha atraído a sua atenção. Cada estilo de comunicação tem as suas preferências sobre o que gosta de ver, ler ou ouvir on-line. Websites eficientes agradam a todos os quatro estilos de comunicação.

Use o teste de autoavaliação dos estilos de comunicação

Tanto você — o dono do website — quanto o seu webdesigner devem fazer o Teste de Autoavaliação para determinar os seus próprios estilos. Em seguida, devem ler sobre os outros estilos para descobrir como podem apresentar as informações no seu site de modo a agradar irrestrita e amplamente a todos eles.

Dica para tirar mais proveito do teste

Revise todas as páginas do seu website para verificar se elas agradam ou não a cada estilo de comunicação. Peça a pessoas da sua família, colegas e amigos de diferentes estilos para visitar o site e lhe dar uma opinião sobre o que agradou ou não a eles. Isso lhe dará uma pista para saber se você teve sucesso em se conectar com todos os estilos.

NEM SEMPRE O QUE IMPORTA É O QUE ESTÁ NO SEU WEBSITE; ÀS VEZES PODE SER O QUE NÃO ESTÁ

Incluir elementos que agradem a todos os quatro estilos de comunicação vai aumentar o tempo que os visitantes passam navegando no seu site.

Se acrescentar uma seção de Perguntas & Respostas, por exemplo, você estará satisfazendo o desejo do estilo Cinestésico por um elemento interativo e o amor do estilo Digital por informações detalhadas. Uma introdução ajuda o estilo Cinestésico e a se sentir à vontade e o estilo Auditivo a "ouvir" a sua história. A opção de "Pular a introdução" permitirá ao estilo Visual ir direto ao ponto. Se o site for fácil de navegar (o que ele deve ser de todo modo), não é difícil incluir nele algo que agrade a todos permitindo que visitantes dos diferentes estilos pulem os elementos com os quais não se relacionam muito facilmente.

Do que cada estilo gosta

Visual	Fotos atualizadas Foto do dono Pouco texto; notas pontuais Videoclipes curtos
Auditivo	Amostras de som (arquivos de áudio) Linguagem e ortografia corretas Histórias
Cinestésico	Mensagem de boas-vindas Imagem do dono para estabelecer confiança Informações para contato Elementos interativos Espaço para expressar a opinião Facilidade de navegação Videoclipes
Digital	Seção de Perguntas & Respostas Informações para contato (com variedade de meios) Fatos e imagens que deem suporte à informação

Do que cada estilo não gosta

Visual	Muito texto; poucos gráficos Falta de uma foto do dono Papo de vendedor que se prolonga demais Muita animação Falta de organização
Auditivo	Erros de linguagem e ortografia Muitos menus Dificuldade de navegação; informação difícil de achar
Cinestésico	Falta de uma foto do dono Falta de informações para contato Papo de vendedor que se prolonga demais
Digital	Falta de lógica ou design pouco claro Falta de organização

PARTE VII

AS 10 TÉCNICAS ESPECIAIS QUE PROFESSORES E INSTRUTORES PODEM USAR PARA SE CONECTAR E ACELERAR O APRENDIZADO

As técnicas e o que elas fazem

Se você é um professor ou instrutor, é mais provável que — mais do que a maioria das pessoas — esteja trabalhando ao mesmo tempo com gente dos quatro estilos de comunicação. Portanto, é extremamente importante que você seja capaz de apresentar informações de modos que beneficiem igualmente cada um deles.

As 10 técnicas de que falarei a seguir foram criadas para ajudá-lo a construir vínculos e aumentar a participação entre os seus alunos para que eles absorvam mais rapidamente o conhecimento — ou seja, para que tenham um ritmo mais acelerado de aprendizado.

Não deixe de observar que o uso de projetores localizados no alto da sala, quadros com folhas e outros recursos visuais não estão incluídos aqui. Se você usa esse tipo de ferramenta, sugiro que o faça com parcimônia, visto que eles não são considerados eficazes para acelerar o aprendizado.

As 10 técnicas são:

1. Fazer perguntas ao grupo
2. Conseguir respostas rápidas e em voz alta
3. Insistir numa resposta
4. Repetição
5. Fazer com que os alunos preencham lacunas
6. Usar a fórmula: "Isto é importante — tomem nota"
7. Mudar a energia da sala
8. Pedir para que troquem ideias com o colega ao lado
9. Pedir para que discutam um assunto em pequenos grupos
10. Recapitulação em grupo

A LEI DA CONEXÃO

Fazer perguntas ao grupo

O que significa:

Significa fazer perguntas com a intenção de obter respostas da maioria das pessoas no grupo.

O que isso permite:

- Fazer com que os alunos saibam que a aula ou o treino pretende ser interativo e que há uma expectativa de que eles participem.
- Romper as barreiras que poderiam dificultar a participação.
- Dar a cada aluno a oportunidade de participar.
- Mostrar o papel de liderança do professor ou instrutor.

Como funciona:

Esta é uma boa técnica para utilizar no início de uma aula ou treino.

A técnica se torna mais eficiente quando o professor ou instrutor faz duas perguntas com a intenção de extrair respostas positivas de dois grupos diferentes de pessoas. Por exemplo: "Quem aqui gosta de sorvete?" e "Quem aqui não gosta de sorvete?". Com isso a maioria dos estudantes participará da enquete.

Ao fazer a primeira pergunta, o instrutor levanta a mão direita e a mantém erguida para que os alunos entendam que devem fazer o mesmo para dar uma resposta afirmativa. Ao fazer a segunda pergunta, o instrutor levanta a mão esquerda para participação e então aprofundar aquele tema fazendo mais perguntas e estimulando ainda mais a iniciativa do grupo.

DETALHE IMPORTANTE PARA ESSA TÉCNICA

Quanto mais o professor faz perguntas, mais os alunos são chamados a participar. Quando um professor ou instrutor usa essa técnica, os alunos geralmente tendem a comentar como o tempo passou rápido naquela aula ou palestra e como foi fácil assimilar aquela informação.

Exemplos de perguntas que exigem respostas rápidas

Se um professor está ensinando a um jovem grupo de alunos que há oito lados num octógono e quatro lados num quadrado, ele poderia recapitular a informação perguntando:

- Quantos lados tem um octógono?

   Todos os alunos responderiam juntos "oito".
- Quantos lados tem um quadrado?

   Todos os alunos responderiam juntos "quatro".

INSISTIR NUMA RESPOSTA

O que significa:

Quando um professor ou instrutor faz uma pergunta ao grupo, não deve passar ao ponto seguinte da lição antes de ter recebido uma resposta.

O que isso permite:

* Indicar as expectativas do professor ou instrutor.
* Encorajar os alunos a ficar alertas e prestar atenção.
* Descontrair os alunos e ajudar a quebrar as barreiras da timidez para que todos os membros do grupo fiquem mais propensos a responder.
* Estabelecer o clima para um aprendizado com alta participação dos alunos.

Como funciona:

Se o professor ou instrutor faz uma pergunta e não recebe resposta, ele continua a levantar questões para mostrar que a pergunta não ficará sem resposta.

DETALHE IMPORTANTE PARA ESSA TÉCNICA

Se ela for usada desde cedo no treinamento ou na lição, o professor ou instrutor vai precisar se valer dela apenas uma ou duas vezes até que os alunos entendam que devem responder às perguntas em voz alta.

DETALHE IMPORTANTE PARA ESSA TÉCNICA

Assim como no caso de "Conseguir respostas rápidas e em voz alta", essa técnica deve ser usada no mínimo a cada dois ou três minutos durante o período de uma aula ou treino.

Os alunos aprenderão a responder com rapidez, e o professor ou instrutor perceberá que uma grande parte dos alunos está participando.

Até os mais tímidos e os que tendem a não se manifestar vão se perceber participando com mais frequência.

Exemplos de perguntas e afirmações que exigem a repetição

Para um personal trainer numa palestra	Trinta minutos de exercícios aeróbicos são o padrão ideal para a atividade diária. Quantos minutos eu disse?
Para um webdesigner num workshop	É muito útil colocar o link para o Fale conosco no alto da página, no canto direito da tela. Então, onde devemos colocar o link Fale conosco?
Para um professor numa aula de geografia	Há cinco regiões no nosso país. Quantas regiões eu disse?

FAZER COM QUE OS ALUNOS PREENCHAM LACUNAS

O que significa:

Essa técnica requer que o professor ou instrutor venha para a aula ou o treino com uma folha de exercícios com lacunas, que os alunos ou participantes devem preencher com as informações que faltam, de acordo com a orientação do professor.

O que isso permite:

- O simples fato de ter a folha de exercícios diante dos olhos faz com que os alunos tenham algo em que se concentrar.
- Uma vez que compreendam que terão de preencher as lacunas em intervalos regulares, os alunos provavelmente prestarão mais atenção para não perder nenhum dado.
- Os alunos vão querer preencher todas as lacunas e, por isso, prestarão atenção ao que o professor está dizendo.

Como funciona:

Depois de preencherem os exercícios, é provável que os alunos queiram levá-los para casa. Ter essas folhas lhes permite rever suas anotações para refrescar a memória e reforçar a aprendizagem.

DETALHE IMPORTANTE PARA ESSA TÉCNICA

Exercícios que incluam lacunas, quadros destacados, tabelas, círculos ou outras ferramentas criativas serão mais eficazes. Os

Exemplos do uso da fórmula "Isto é importante"

- Isto é importante; gostaria que vocês anotassem no caderno.
- Isto é importante; é um ponto que vocês não devem esquecer.
- Isto é importante; vocês precisarão entender muito bem.

Mudar a energia da sala

O que significa:

É uma forma de o professor ou instrutor reenergizar um grupo de alunos que perdeu a concentração e não está mais participando.

O que isso permite:

Garante que os alunos tirarão proveito do que está sendo ensinado porque permanecerão interessados no que o professor está dizendo.

Como funciona:

Quando um professor ou instrutor faz algo diferente, ou solicita aos alunos que façam algo diferente ou inesperado, a energia da sala é revitalizada e os alunos que podiam estar entediados ou que começavam a perder a concentração têm uma chance maior de se reconectar com o professor e a matéria ensinada.

Detalhe importante para essa técnica

Não espere muito para usá-la. Assim que sentir que a turma está se dispersando ou a sala está se tornando muito quieta, faça algo para "sacudir o ambiente" ou "tirar as teias de aranha".

Exemplos de como mudar a energia da sala

- Faça com que os alunos se levantem e se alonguem.

DETALHE IMPORTANTE PARA ESSA TÉCNICA

Limite o tempo de conversa a dois ou três minutos e assegure-se de que todos estejam participando. Faça esse exercício ao menos uma vez durante a aula ou o treinamento.

Exemplos de como pedir aos alunos que troquem ideias com os colegas:

- Agora cada um de vocês tem um minuto para trocar ideias com o colega ao lado sobre o que acabamos de debater.
- Diga ao seu colega da carteira ao lado quais são, na sua opinião, as três ideias principais que acabamos de debater.
- Vocês têm no máximo dois minutos para comentar com o colega ao lado o último exercício que fizemos.

DISCUTIR EM PEQUENOS GRUPOS

O que significa:

Trata-se de formar pequenos grupos de três a cinco pessoas para discutir o tema de uma aula ou treino.

O que isso permite:

- Que os alunos assimilem melhor as informações ao compartilhá-las com outros.
- Que os alunos se sintam fortalecidos por compartilhar e aprender com outros no grupo.
- Enriquecer a experiência de aprendizado de todos pelo simples fato de ouvir o que os outros têm a dizer.
- Que o professor ou instrutor perceba como os alunos assimilaram e aprenderam as informações que lhes foram transmitidas.

Como funciona:

Peça aos alunos que se dividam em grupos de três a cinco pessoas. Se as carteiras da sala forem móveis, eles podem rearrumá-las em círculo. Repita o tema central e explique que agora os membros de cada grupo têm a oportunidade de debater o que aprenderam naquele dia. Durante a discussão do grupo, o professor ou instrutor terá a chance de rever e preparar a sequência de sua aula ou apresentação.

no decorrer de uma aula ou treinamento antes de passar a um novo assunto.

Exemplo de como iniciar e facilitar
a recapitulação em grupo

Diga a seus alunos: "Por favor, fechem os livros e guardem os cadernos. Quando eu levantar as mãos assim (demonstre a posição com as palmas voltadas para cima), quero que todos completem a informação em conjunto. Vamos começar."

Ao levantar as mãos, professores e instrutores devem também indicar pelo tom de voz que há uma lacuna a ser preenchida e tentar adotar uma expressão facial interrogativa. Não deixe de manter as mãos levantadas enquanto espera que a turma responda.

Aplicando este livro à sua vida

É provável que nos próximos dias — ou até mesmo antes disso — você comece a se tornar consciente das palavras mais comumente usadas por seus familiares, amigos e colegas. Você também se perceberá usando as palavras que são características do seu estilo de comunicação. Notar o uso dessas palavras em si mesmo e nos outros significa que você está assimilando e pondo em prática os conhecimentos que acabou de aprender.

Poderá também notar que as suas habilidades de adequação melhoram quando você se torna mais consciente do processo de identificação dos estilos dos outros e ajusta o seu próprio estilo ao espírito e ao estilo de outra pessoa ou de um grupo.

A rapidez com que você agora se conecta com outras pessoas se tornará mais evidente à medida que você continua a criar vínculos, calibrando a sua própria comunicação e percebendo como os outros se comunicam.

Agora você tem todo o conhecimento e as ferramentas de que precisa para otimizar as suas habilidades de comunicação.

Pratique com o seu cônjuge ou companheiro, a sua família, os seus amigos e colegas de trabalho tudo o que aprendeu neste livro.

Compartilhe-o com outras pessoas e ajude-as a construir conexões melhores com você e com todos com quem elas convivem.

Este livro foi composto em Minion Pro 11,5/15
e impresso pela Ediouro Gráfica sobre
papel pólen soft 70g/m² para a Ediouro em fevereiro de 2010.